2022年广西旅游高等教育教学改革研究项目成果(项目号:2022LYJZY003)

高等院校应用型人才培养"十四五"规划旅游管理类系列教材

研学旅行课程设计与开发

主　编◎王　慧
副主编◎甘　政

Design and Development of Study Travel Course

华中科技大学出版社
中国·武汉

内容提要

本教材以研学旅行课程设计与开发为编写主线、以研学旅行相关教育教学理论为基础、以我国研学旅行相关政策为指导,由概念到实践,借助典型案例,结构清晰地设计了八个学习章节。本教材具有丰富的教育性、实用性和创新性,在内容编排上,分别从研学旅行课程设计基本理念、教学设计、内容设计、教学组织、课程实施、资源设计与开发、课程评价、手册设计等方面进行阐述,旨在为未来从事研学旅行领域工作的人员提供系统的、标准化的、可操作的研学旅行课程设计与实施方法。

图书在版编目(CIP)数据

研学旅行课程设计与开发/王慧主编. —武汉:华中科技大学出版社,2024.4
高等院校应用型人才培养"十四五"规划旅游管理类系列教材
ISBN 978-7-5772-0736-0

Ⅰ.①研… Ⅱ.①王… Ⅲ.①教育旅游-课程设计-高等学校-教材 Ⅳ.①F590.75

中国国家版本馆CIP数据核字(2024)第085011号

研学旅行课程设计与开发 王慧 主编
Yanxue Lüxing Kecheng Sheji yu Kaifa

策划编辑:王 乾
责任编辑:王 乾 阮晓琼
封面设计:原色设计
责任校对:刘小雨
责任监印:周治超
出版发行:华中科技大学出版社(中国·武汉)　　电话:(027)81321913
　　　　　武汉市东湖新技术开发区华工科技园　　邮编:430223
录　排:孙雅丽
印　刷:武汉科源印刷设计有限公司
开　本:787mm×1092mm　1/16
印　张:10.75
字　数:223千字
版　次:2024年4月第1版第1次印刷
定　价:59.80元

本书若有印装质量问题,请向出版社营销中心调换
全国免费服务热线:400-6679-118　竭诚为您服务
版权所有　侵权必究

出版说明

党的十九届五中全会确立了到2035年建成文化强国的远景目标,明确提出发展文化事业和文化产业。"十四五"期间,我国将继续推进文旅融合,实施创新发展,不断推动文化和旅游发展迈上新台阶。国家于2019年和2021年先后颁布的《国家职业教育改革实施方案》《关于深化本科教育教学改革全面提高人才培养质量的意见》《本科层次职业教育专业设置管理办法(试行)》,强调进一步推动高等教育应用型人才培养模式改革,对接产业需求,服务经济社会发展。

基于此,建设高水平的旅游管理专业应用型人才培养教材,将助力旅游高等教育结构优化,促进旅游专业应用型人才的能力培养与素质提升,进而为中国旅游业在"十四五"期间深化文旅融合、持续迈向高质量发展提供有力支撑。

华中科技大学出版社一向以服务高校教学、科研为己任,重视高品质专业教材出版。"十三五"期间,在教育部高等学校旅游管理类专业教学指导委员会和全国高校应用型本科旅游院校联盟的大力支持和指导下,在全国范围内特邀中组部国家"万人计划"教学名师、近百所应用型院校旅游管理专业学科带头人、一线骨干"双师双能型"教师,以及旅游业界精英等担任顾问和编者,组织编纂出版"高等院校应用型人才培养'十三五'规划旅游管理类系列教材"。该系列教材自出版发行以来,被全国近百所开设旅游管理类专业的院校选用,并多次再版。

为积极响应"十四五"期间我国文旅行业发展及旅游高等教育发展的新趋势,"高等院校应用型人才培养'十四五'规划旅游管理类系列教材"应运而生。本套教材依据文旅行业最新发展和学术研究最新进展,立足旅游管理应用型人才培养特征进行整体规划，对高水平的"十三五"规划教材进行修订、丰富、再版，同时开发出一批教学紧缺、业界急需的教材。本套教材在以下三个方面做出了创新：

一是紧扣旅游学科特色，创新教材编写理念。本套教材基于旅游高等教育发展新形势，结合新版旅游管理专业人才培养方案，遵循应用型人才培养的内在逻辑，在编写团队、编写内容与编写体例上充分彰显旅游管理应用型专业的学科优势，有利于全面提升旅游管理专业学生的实践能力与创新能力。

二是遵循理实并重原则，构建多元化知识结构。在产教融合思想的指导下，坚持以案例为引领，同步案例与知识链接贯穿全书，增设学习目标、实训项目、本章小结、关键概念、案例解析、实训操练和相关链接等个性化模块。

三是依托资源服务平台，打造新形态立体教材。华中科技大学出版社紧抓"互联网＋"时代教育需求，自主研发并上线的华中出版资源服务平台，可为本套教材作立体化教学配套服务，既为教师教学提供便捷，提供教学计划书、教学课件、习题库、案例库、参考答案、教学视频等系列配套教学资源，又为教学管理提供便捷，构建课程开发、习题管理、学生评论、班级管理等于一体的教学生态链，真正打造了线上线下、课内课外的新形态立体化互动教材。

本编委会力求通过出版一套兼具理论与实践、传承与创新、基础与前沿的精品教材，为我国加快实现旅游高等教育内涵式发展、建成世界旅游强国贡献一份力量，并诚挚邀请更多致力于中国旅游高等教育的专家学者加入我们！

华中科技大学出版社

前言
Preface

习近平总书记在中国共产党第二十次全国代表大会上指出,"教育是国之大计、党之大计。培养什么人、怎样培养人、为谁培养人是教育的根本问题","坚持以文塑旅、以旅彰文,推进文化和旅游深度融合发展",这为新时代育新人、兴文化指明了方向。研学旅行作为体验式教育与旅游融合的新业态,正逐渐崭露头角,为实现教育强国、人才强国等目标贡献力量。

近年来,各级政府相继出台政策大力支持研学旅行发展。2016年,教育部等11个部门联合印发《关于推进中小学生研学旅行的意见》。2017年《中小学德育工作指南》建议把研学旅行纳入学校教育教学计划。2022年国务院《"十四五"旅游业发展规划》指出,"推动研学实践活动发展,创建一批研学资源丰富、课程体系健全、活动特色鲜明、安全措施完善的研学实践活动基地,为中小学生组织研学实践活动提供必要保障及支持"。研学旅行得以快速发展。

研学旅行课程是为实现教育目标而设计的具有探究性和体验性的研学旅行产品的核心要素之一。与传统课程不同,研学旅行课程是一种综合实践教育活动,在课程设计与开发过程中更注重培养学生解决实际问题的综合实践能力。作为一门新兴业态的新课程,教师、学生在开展相应的学习时,都需要有相对系统、深入的教材,明确其概念原则、策略方法、组织实施等一系列环节来指导教学实践。

本教材由南宁师范大学旅游与文化学院牵头编撰,该院多年深耕旅游教育领域,其旅游管理专业为国家一流专业建设点,研学旅行是其人才培养方案的重要方向之一。编写组在充分结合具体教学实践、调研学习及参考查阅大量已有的教材和研究成果的基础上,围绕研学旅行课程设计的知识内容完成本教材。本教材分别从研学旅行课程设计基本理念、教学设计、内容设计、教学组织、课程实施、资源设计与开发、课程评价、手册设计八个方面对研学旅行课程设计进行了全面的介绍。本教材由王慧担任主编,甘政担任副主编,具体分工如下:王慧、甘政、卢俊坤编写第一章,甘政编写第二、三、七章和附录,王慧、谢睿、张永存、王泽慧、卢俊坤编写第四、五、六、八章。在编写过程中,编者参阅了大量的文献资料,力求内容全面、翔实。由于水平有限,虽然经过反复修改,书中仍难免有错漏和可堪商榷之处,希望使用本教材的广大师生、研学人员、旅游管理工作者不吝赐教,批评指正!

目录
Contents

第一章 研学旅行课程设计概论 /001
第一节 研学旅行课程设计的概念 /003
第二节 研学旅行课程的分类 /007
第三节 研学旅行课程设计的理论基础 /010
第四节 研学旅行课程设计的原则 /015
第五节 研学旅行课程设计的要素与流程 /017
第六节 研学旅行课程策划思路 /019

第二章 研学旅行课程教学设计 /032
第一节 研学旅行课程主题设计 /034
第二节 研学旅行课程目标设计 /038
第三节 研学旅行课程主题与目标设计实例 /043

第三章 研学旅行课程内容设计 /047
第一节 研学旅行课程内容设计概述 /049
第二节 研学旅行课程内容组织逻辑及架构 /051
第三节 研学旅行课程内容设计步骤 /054

第四章 研学旅行课程教学组织 /061
第一节 研学旅行课程教学组织的基本要求 /062

第二节　研学旅行课程教学模式　　　　　　　　　　　/064

第三节　研究旅行课程教学方法　　　　　　　　　　　/071

第五章　研学旅行课程实施　　　　　　　　　　　　　/080

第一节　研学旅行课程实施的基本要求　　　　　　　　/081

第二节　研学旅行课程的准备阶段　　　　　　　　　　/084

第三节　研学旅行课程的实施阶段　　　　　　　　　　/090

第四节　研学旅行课程的课后阶段　　　　　　　　　　/096

第六章　研学旅行课程资源设计与开发　　　　　　　　/101

第一节　研学旅行课程资源概述　　　　　　　　　　　/103

第二节　研学旅行课程资源设计与开发原则　　　　　　/108

第三节　研学旅行课程资源设计与开发主体　　　　　　/110

第四节　研学旅行课程开发的步骤　　　　　　　　　　/113

第五节　研学旅行课程开发的途径　　　　　　　　　　/117

第七章　研学旅行课程评价　　　　　　　　　　　　　/122

第一节　研学旅行课程评价概述　　　　　　　　　　　/124

第二节　研学旅行课程评价方法与设计原理　　　　　　/126

第三节　研学旅行课程评价设计　　　　　　　　　　　/128

第八章　研学旅行课程手册设计　　　　　　　　　　　/136

第一节　研学旅行课程工作手册设计　　　　　　　　　/137

第二节　研学旅行课程学生手册设计　　　　　　　　　/139

第三节　研学旅行课程手册设计实例　　　　　　　　　/145

附录　研学案例集　　　　　　　　　　　　　　　　　/150

参考文献　　　　　　　　　　　　　　　　　　　　　/157

第一章
研学旅行课程设计概论

本章概要

本章内容是全书的基础,包括研学旅行课程设计概念、类型、理论基础、原则、要素与流程、策划思路等内容。帮助读者建构研学旅行课程设计与开发的知识体系,为后续章节内容的学习奠定基础。

学习目标

知识目标:
1. 理解并熟悉研学旅行课程设计的概念、特点以及理论基础;
2. 熟悉并掌握研学旅行课程设计的类型、原则以及要素流程。

能力目标:
1. 能够对研学旅行课程设计的基本概念有清晰准确的认识;
2. 能够依照分类原则对具体的研学旅行课程方案进行识别。

素质目标:
1. 提高学生政治意识,引导学生了解我国研学旅行课程的发展历史,并理解相关政策文件的颁布背景及出发点;
2. 提高学生思考能力,引导学生将研学旅行课程与我国传统文化相联系结合,提升他们的文化自信、使命意识。

章节要点

研学旅行课程设计概念;研学旅行课程的分类;研学旅行课程设计的要素与流程;研学旅行课程策划思路。

知识导图

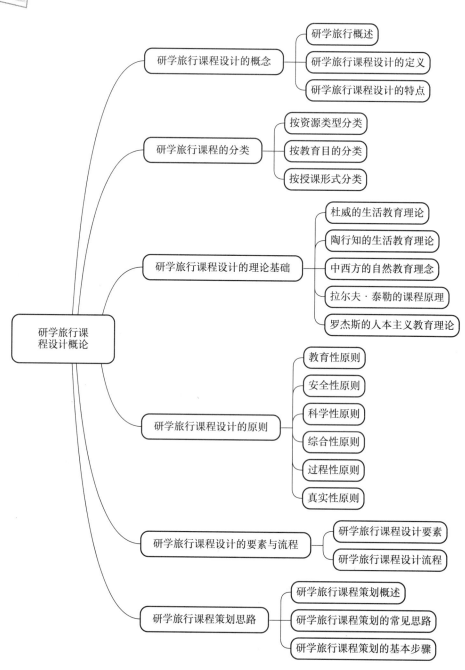

第一节 研学旅行课程设计的概念

一、研学旅行概述

"研学旅行"的概念最早出现在2013年国务院办公厅印发的《国民旅游休闲纲要(2013—2020年)》里,纲要中明确提出要"逐步推行中小学生研学旅行"的设想。此前,我国许多地区已尝试将研学旅行作为推进素质教育的一个重要内容来开展。2014年4月,教育部基础教育司司长在第十二届全国基础教育学校论坛上发表主题演讲时正式提出了研学旅行的定义。他指出,研学旅行是将研究性学习和旅行体验相结合,学生集体参加的有组织、有计划、有目的的校外参观体验实践活动,为研学旅行的开展指明了基本方向与要求:研学旅行要以年级为单位,以班为单位进行集体活动,同学们在老师或者辅导员的带领下,确定主题,以课程为目标,通过动手做、做中学的形式,共同体验、分组活动、相互研讨、书写研学日志,形成研学总结报告。

此后,研学旅行得到了国家相关部门的高度重视。2016年12月,教育部等11个部门联合印发的《关于推进中小学生研学旅行的意见》(以下统称《意见》)提出"要因地制宜开展研学旅行"。自此,研学旅行正式以学校课程的形式被纳入我国教育事业发展的总体规划。研学旅行课程能弥补学校学科类课程和单纯理论学习的不足,其教学指向在于增长见识、丰富知识并关注精神层面修养的提升,如《意见》中所说:"研学旅行要因地制宜,呈现地域特色,引导学生走出校园,在与日常生活不同的环境中开拓视野、丰富知识、了解社会、亲近自然、参与体验。"因此,未来的研学旅行课程凭借着能让学生主动学习、热情参与等特性,必将成为一种主流的学习趋势,并深受广大家长与学生的欢迎。

研学旅行课程的内涵是宽泛且丰富的,本书结合《意见》相关内容,从教育观的角度对研学旅行课程的理解如下。

首先,研学旅行课程的教育理念是崇尚浪漫和自由思想的体现。《意见》指出,"让广大中小学生在研学旅行中感受祖国大好河山,感受中华传统美德,感受革命光荣历史,感受改革开放伟大成就,增强对坚定'四个自信'的理解与认同"。教育是一种精神修炼和价值引领,研学旅行课程则是教育本质内涵的具体体现,学校借助研学旅行课程,可将教师教育的关注点引向如何提高每个学生将来具备拥有"有价值的生活"的可行能力。因此,研学旅行课程对于学生的意义在于提升"有价值的生活"能力,这不仅使学生能获得具体的日常生活能力,更能提升他们自由选择的能力,进而达到自由地选择、开发和实践自己的人生计划,自由地实现发现自身全部价值的目的。

其次，研学旅行课程的教学观念强调借用技术来支撑和强化并丰富学习过程。《意见》中明确要求，"根据小学、初中、高中不同学段的研学旅行目标，有针对性地开发自然类、历史类、地理类、科技类、人文类、体验类等多种类型的活动课程"。研学旅行课程的教学，要做到"立志高远、目的明确、活动生动、学习有效"，避免"只游不学"或"只学不游"的现象。"将观念建立在直接的旅途之中"是研学旅行课程教学的核心要义，教学中可采取知识整合的教学方式，鼓励学生建立起对社会现象、自然现象的一致性理解。《意见》还强调"教育部将建设研学旅行网站，促进基地课程和学校师生间有效对接"，即借助网络平台和信息技术手段，可以支撑学习过程，拓宽学习途径。

简而言之，研学旅行课程作为素质教育的一种新内容和新方式，是在新课改的背景下，由学校根据区域特色、学生年龄特点和各学科教学内容需要，组织学生通过集体旅行、集中食宿的方式走出校园，在与平常不同的生活中开拓视野、丰富知识，加深与自然和文化的亲近感，增加对集体生活方式和社会公共道德的一种体验活动方式。

二、研学旅行课程设计的定义

课程设计是指通过需求分析确定课程目标，再根据这一目标选择某一个学科或多个学科的教学内容和相关教学活动进行计划、组织、实施、评价、修订，以最终达到课程目标的整个工作过程。研学旅行紧紧依托并围绕课程形式开展，其课程设计的重要性也就不言而喻。因为研学旅行课程与传统分科课程相比所具有的差异性与特殊性，所以对于研学旅行课程设计的定义并不能依照传统分科课程的思路和特点对其进行简单笼统的概括。

从学术界现有研究成果来看，李岑虎等（2020）认为，研学旅行课程设计是指以研学旅行课程理论为指导，制定研学旅行课程标准，选择和组织研学旅行课程内容，预设研学旅行活动方式的活动，也是研学旅行课程目标、研学旅行教育经验和预设研学旅行活动方式的具体化过程。杨培禾等（2021）认为，研学旅行课程设计从文本角度认识，是引导学生开展实践和性学习活动，达成课程目标的文本载体，是对课程要素进行安排后的结果（方案）。因此，研学旅行课程设计从广义上界定，包括考察线路设计、课程活动设计（含评价）、学生学习指导手册设计以及课程实施的保障设计等；从狭义上界定，是指研学旅行课程活动部分的设计，把活动目标、内容及过程按照课程的原则组成合理结构，形成活动开展的方案，具体内容包含活动主题、学习资源分析、学情分析、设计思路、活动目标、活动时间及地点、活动方式、活动准备、体验探究内容、活动实施过程方法、成果与交流形式、评价等。

作为国家课程校本化实施的一种课程组织形态，研学旅行课程设计在开展过程中应遵循课程与编排要素科学合理相结合的原则，紧紧围绕学生的培养目标展开，从各方面结合学生的兴趣、学习动机、意志品质、认知能力和认知方式，考察周边的环境和社会资源，体现"游、研、学"一体的综合学习方法。简言之，研学旅行课程设计是一个有目的、有计划、有结构的产生研学旅行课程计划、课程标准、课程内容、课程手册等系统化活动。

三、研学旅行课程设计的特点

通常意义上,课程主要是指学校为实现各级各类教育目标而设定的各门学科及其目的、内容、范围、进程、安排的总和,它包括学校老师所教授的各门学科和各种有目的、有计划的教育活动。分科课程与活动课程是当前中小学学校教育中的两种基本的课程类型。研学旅行的本质是教育,它属于活动课程类型,是一种校外综合实践教育。因此,作为一种综合实践教育活动的研学旅行课程,在设计上除了需要具有分科课程的基本特征外,还需要具有其自身的独特性。

相较于传统的课堂教学,研学旅行课程由于没有教室(场所条件限制)、没有课本(教材条件限制),更注重培养学生解决实际问题的综合实践能力,在一定程度上可以消除当前学校课程过于偏重书本知识、课堂讲授,以及让学生被动接受学习的弊端,弥补学生经验狭隘、理论脱离实际的缺陷。因此,在进行研学旅行课程设计时,应围绕其实践综合性、过程开放性、自主发散性的特点展开。

(一) 实践综合性

研学旅行最初是一种校外活动的组合,呈碎片化,随意性较大。活动过程通常是学生跟着教师和导游到某个地方旅行,活动内容对学生的游学缺乏指导,缺少研和学的元素。这种不规范的现象直接影响了研学旅行课程的教育效果。在当下新课程与教育改革的大背景下,作为综合实践活动教育的研学旅行课程,其基础目标是教育部提出的六大核心素养,根本理念是让学生亲眼所见、亲身体会、亲自动手,根本目的是让学生将所学所见的知识转化为实践运用的能力。因此,从课程整合的视角看,研学旅行课程系统化、实践化是必然的发展趋势。通过将研学旅行作为一个生活化的主题活动课程,根据学生的年龄特点和认知特点优选相适应的课程内容,并与学科学习整合,与校内班级、学校层面活动整合,从而实现研学旅行课程主题、学习方式、知识内容、参与主体的整体设计。

因此,在研学旅行课程设计的过程中,应注重把课堂学习带到游学过程中,实现课堂内外的良性互通;把游学过程中遇到的困难、发现的问题与学科教学内容联系起来,整合开发成为教学资源;将课堂倡导的自主、合作、探究的学习方式延展到生活空间中,并在游学过程中促进学科技能的真正形成;利用学校内的活动课程整合研学旅行的主题活动,探索研学主题活动与校内不同课程活动的科学化、合理化、系统化整合。研学旅行课程设计所具有的实践综合性的特点,就是力求把多种学习方式、多个学习主题、不同学习内容、多种不同学科、多类参与主体等整合设计,做到游中有学、学中有研、学研结合、促思导学。

（二）过程开放性

研学旅行课程的课程内容不同于一般分科课程的系统性，其内容主要以颗粒化、碎片化的形式呈现。在课程内容的选择上，研学旅行课程相较于分科课程，受限制更少，在此当中更加注重实践的过程，更具开放性、多元性以及包容性。因此在理论上，任何内容、一切现有的物质文明和精神文明都可以成为研学旅行课程的教学资源。但研学旅行课程作为一种以旅行为基础的体验式教育活动，其所有的课程教学内容都需要以旅行过程为载体来实现，旅行过程是实现其课程教学内容的基本途径。因此，注重过程及开放性是研学旅行课程设计的一大重要特点。

过程开放性特点在具体实施中表现为：一是外显的过程，包括参观、游览、动手制作、观察、记录、合作交流等活动。学生会在这些活动过程中获得教学资源更深层次的知识，同时可以实现观察分析、资料收集、动手体验、表达交流、行为规范等多种外显的课程教学目标；二是内化的过程，包括探究资料的归纳与分析、游览参观过程中的思考与感悟、由教学资源激发出的情感态度与价值观。这些内化的活动过程是研学旅行课程设计所追求的更深层的实现，是思维能力和情感态度与价值观课程目标实现的根本途径，也是研学旅行课程设计最高的价值诉求。

研学旅行课程设计所追求的过程开放性体现在过程本身，即过程是较为无明确规则秩序的。不同于分科课程、传统课堂教学所要求的有序性与规则性，研学旅行课程设计的初衷即是解放孩子"自由的天性"，挖掘他们对于未知的好奇以及探索实践的潜力。开放并不意味着放纵放任，而是要求教师或是活动主导者在这一过程中充当扮演引导的角色。通过研学旅行课程的实施，学生要从旅行中学到自主求知的方法和技巧，学会相应的行为规范，形成良好的行为素养，树立热爱生活、尊重自然、尊重他人等积极的生活态度。

（三）自主发散性

研学旅行课程不同于传统的分科课程，其教学结果与学生本人的个性特点是密切相关的。参加同样的研学旅行，参观同样的景点，每个参加研学旅行课程的学生个体由于关注点不同、文化背景不同、思维方式不同、情感态度与价值观不同，每个人的收获和感悟的呈现也一定是不相同的。这就决定了研学旅行课程设计具有自主发散性的特点，教学应注重学生个体的不同感受，并强调学生个体思维的发散性。

在研学旅行课程设计当中，其思考的课程目标应包括两个层面：一是课程的总体目标，二是课程的具体目标。

研学旅行课程的总体目标由课程定位决定，总体目标决定了通过实施研学旅行课程，学生应该形成哪些方面的核心素养，应该具备哪些基本能力，应该形成什么样的价值取向。无论哪一种研学旅行活动，都必须围绕实现这些总体目标进行课程设计。

研学旅行课程的具体目标则具有显著的发散性，这种发散性体现在两个方面：一是不同线路课程的具体目标不同。研学旅行课程的具体目标是依据课程的资源属性设计的,不同线路课程的资源属性决定了课程的具体目标也不同。二是课程在实施过程中学生的学习结果各不相同。根据教育心理学,教学目标是学生预期的学习结果。因此即使在同一线路的同一团队的课程实施过程中,每个学生的学习结果也不一定是相同的。由于研学旅行学习资源的情境化和多元化,每个学生观察分析同一问题的角度不同,原有的能力基础和生活价值认同基础不同,其学习结果也不尽相同。所以在研学旅行课程设计中,对于具体教学目标必须考虑这一特点,不宜设置固化的课程具体目标,而应最大限度保护并发挥学生的发散性思维。

第二节 研学旅行课程的分类

由于研学旅行概念提出的时间不长,目前关于研学旅行课程的分类尚无统一的定论以及标准。本书在助力读者形成科学性、规范性认识的前提下,以充分探索以及讨论的态度,总结出现有研学旅行课程的具体分类标准。

一、按资源类型分类

根据国家旅游局(现文化和旅游部)在2016年12月19日发布的《研学旅行服务规范》(LB/T 054—2016)中对研学资源类型的分类划分,研学旅行课程可包括以下几种类型。

(一)知识科普型

依托各类博物馆、科技馆、历史文化遗产、科研场所等资源,引导学生开阔视野并增强文化自觉和自信而设计的课程。

(二)自然观赏型

以山川、江、湖、海、草原、沙漠等自然资源为依托,引导学生感受祖国大好河山,树立关注自然、保护生态的意识而设计的课程。

(三)体验考察型

以各农庄、实践基地、夏令营营地或团队拓展基地等资源为依托,引导学生了解基本国情和改革开放成就而设计的课程。

(四)励志拓展型

依托各红色教育基地、国防教育基地等,引导学生了解革命历史,传承红色基因,培育新的时代精神而设计的相关课程。

（五）文化康乐型

以各主题公园、演艺影视城等资源为依托设计的相关课程。

二、按教育目的分类

《意见》中要求各中小学将研学旅行纳入学校教育教学计划，积极促进研学旅行与学校课程的有机融合。因此，对于研学旅行课程的分类，也可紧紧围绕以教育为核心理念和基本导向，根据教育目的的不同来进行类型划分，可分为以下两种类型。

（一）文化精神教育型

柏拉图说过："教育非他，乃心灵的转向。"教育的目的是"在推动学生认识到学习的核心是为丰盛自己的基础上，促使学生的心灵转向爱、转向善、转向智慧"。那么研学旅行课程对学生的学习与成长有什么帮助呢？曾任哈佛大学校长的德鲁·福斯特在演讲中说过这样一句话："一个人生活的广度决定他的优秀程度。"这位校长每年都要到一个陌生的地方去旅行，这是她对自己的一个要求。对她来说，用学习的方式来旅行已成为一种生活常态，这种旅行的意义在于促进自己的成长。她认为，当我们看到的世界大了，才能更加宽容，才能更加坦荡。学生只有自己真正走出去经历了、体验了，才能收获对自然的认识、对世界的认识，才能做到知行合一。因此，研学旅行课程的教育性正是体现在引导学生到富有正能量的地方去丰富自己，增长见识、洗涤心灵。

文化精神教育型的研学旅行课程是让学生在做中学、学中思、思中悟，帮助学生全面提升综合素质，让研学旅行课程全过程、全方位地体现对学生实施的素质教育。如学生到革命圣地、文化园地、科研基地、国防重地开展的文化精神教育型研学旅行课程，其价值首先是有利于促进学生培育和践行社会主义核心价值观，激发学生的爱党爱国之情；其次是有利于推动全面实施素质教育，创新人才培养模式，引导学生主动适应社会，促进书本知识和生活经验的深度融合；再次是有利于加快提高人民生活质量，满足学生日益增长的旅游需求，从小培养学生文明旅游意识，养成文明旅游行为习惯。

（二）综合实践教育型

2018年9月10日，习近平在全国教育大会上强调，"坚持中国特色社会主义教育发展道路，培养德智体美劳全面发展的社会主义建设者和接班人"，"要把立德树人融入思想道德教育、文化知识教育、社会实践教育各环节，贯穿基础教育、职业教育、高等教育各领域"。由此可知，在完成培养"国家合格的建设者和接班人"这一重大历史任务的教育过程中，我国教育发展的趋势和指向是综合实践教育与知识传授教育并重。研学旅行课程的本质属性与特征，是带领中小学生走出校园，把社会、大自然作为中小学生的"大课堂"或"教学大空间"，以此整合与转化一切有益于中小学生健康成长的资源和力量,使之成为实践教育课程的内容和教育力量,这也就是综合实践教育型的研学旅行课程。

综合实践教育型的研学旅行课程是一种综合性实践活动,是体验式学习、研究性学习和综合实践活动的统一。其综合实践活动是从学生的真实生活和发展需要出发,将生活情境转化为活动主题,通过探究、服务、操作、体验等方式,培养学生跨学科素养的实践性课程;是学校教育和校外教育衔接的创新形式,是教育教学的重要内容,是综合实践育人的有效途径。通过组织学生以集体旅行的方式与自然和社会深度接触,让学生们亲身感受所学所知,有利于实现课堂内外知识的融会贯通,引导学生不断发现、思考、研究和探索。

三、按授课形式分类

研学旅行课程是一种以教育为目的的活动形式,根据授课形式的不同,则可将其分为微讲座和微课程。

(一)研学旅行课程——微讲座

研学旅行课程微讲座有别于传统导游的讲解词,它聚焦教育点或知识点,是为研学旅行过程设计的用时较短的专题性讲座课程。其显著特征在于它是一个"以讲助学"的教育活动过程,是研学旅行过程中的一个有效环节,既可以有独立的课程目标,也可以和研学课程的整体目标相统一,能辅助完善研学旅行课程的目标的系统性。研学旅行课程微讲座的要素包括:讲座主题、讲座对象、讲座时长、授课空间、教学目标、教具(学具)使用要点、整体教学思路以及微讲座评价等。在内容上,微讲座内容可以是了解文明旅行常识、安全防护救护与灾害应急知识,也可以是了解非物质文化遗产及民族特色,了解乡情、市情、省情和国情,了解相应的自然、人文知识,掌握与研学旅行课程方案直接相关的学科内容等。

微讲座的特点是在时间上可长可短,几分钟、半小时均可;在方式上灵活多变,不拘泥于形式条框;在内容上丰富多彩;在实施的场景上开放随机,车上、船上、会议室、餐厅,行进过程中都可以结合实际情况随机安排授课。

(二)研学旅行课程——微课程

微课程是在微讲座的基础上增加了教学内容与方法。微课程与其他课程的差异在于:一是在学生学习方式方法上,微课程主要采用参与式和体验式学习方法,以学生为主体,通过研学导师指导、学生参与和体验来达成学习目标;二是在课程的使用范围上,微课程主要在研学基地使用;三是在课程时长上,微课程以15分钟一节课来进行设计,一天最多不超过8节课;四是在教学目标上,微课程主要围绕一个目标来进行课程设计与实施;五是在授课场地及方式上,微课程主要是以户外授课为主,授课方式主要通过体验式活动来完成。

第三节 研学旅行课程设计的理论基础

研学旅行课程属于中小学综合实践的活动课程,在课程设计中如何体现科学性、针对性、有效性则成为重中之重。因此,要开展兼顾内涵与实操性的研学旅行课程设计,必须在科学扎实的理论基础上才能实现。研学旅行课程设计过程中所涉及的理论十分广泛,其中包括教育思想、教育理念以及课程设计原理。本书结合我国研学旅行课程现实情况,以教育学的观点为核心,选取以下几个重要且影响深远的理论展开详细介绍。

一、杜威的生活教育理论

约翰·杜威(John Dewey,1859—1952年),美国哲学家、教育家,实用主义的集大成者。杜威从实用主义经验论和机能心理学出发,提出了"学校即社会""教育即生活""教育即生长"等观点,赞同"儿童中心"主义,提出了"从做中学"和"思维五步"等教学观点,著有《民主主义与教育》《明日之学校》《学校与社会》等。其中,《民主主义与教育》一书提出"教育即生活"的观点。在他看来,教育是生活的必需,是一种特殊的生活方式;教育必须依赖生活并改善现实生活,使学生具备建构美好生活的知识与能力。杜威批判传统课堂教学的身心二元分离,承认学生兴趣所具有的能动地位,提出了著名的"做中学"("从经验中学习")思想。在教育实践中,教师应把学生的身体活动和精神活动结合起来,让学生把思维过程和动手操作结合起来,把所做的事与所发生的影响联系起来,从而帮助学生建构生动的经验系统。杜威的生活教育理论具体表现为以下三点。

(一)教育即生活

杜威认为,教育就是儿童生活的过程,而不是将来生活的预备。教育和生活相联系是儿童生长和发展的条件,生长和发展就是教育本身。杜威认为:"因为生长是生活的特征,所以教育就是不断生长。"教育不是强迫儿童去吸收外面的东西,而是要使人类与生俱来的能力得以生长。"教育即生活"强调的是教育对生活的影响,强调的是教育的生活意义。所以,最好的教育就是"从生活中学习、从经验中学习"。同时,杜威强调教育不能离开社会生活的背景,但社会生活是复杂的,不能直接作为儿童生活的背景,社会生活需要经过教育的简化、净化和平衡后才能成为儿童学习的背景。杜威的"教育即生活"理论阐明:现实教育必须联系和适应社会生活的变化,教育应对社会生活进行简化、净化和平衡,引导学生逐渐融入现实的社会生活中。教育本身是一种生活,更是儿童生长和发展的过程,是一种构建理想生活的活动。

（二）学校即社会

杜威认为,学校教育是社会生活的一种形式,学校应该"成为一个小型的社会"。学校应该把现实的社会生活简化到一种简单状态,从而呈现儿童的社会生活。"学校即社会"反映了学校与社会的关系:一是学校本身就是一种社会生活,具有社会生活的全部含义;二是校内学习要与校外学习相联系,两者之间相互影响。但杜威也同时指出,"学校即社会"并不意味着社会生活在学校里的简单重现,学校作为一种特殊的社会生活,具有三个重要功能:简单和整理具有发展倾向的各种因素;把现存的风俗纯化和理想化;创造一个比青少年任其自然时可能接触的更广阔、更美好的平衡的环境。

（三）从做中学

在教学论的层面上,杜威提出了"从做中学"的基本原则。杜威认为,教学过程应该就是"做"的过程,强调学习与应用结合,在学习中充分发挥儿童的主动性和创造性。杜威强调,如果儿童没有"做"的机会,那必然会阻碍儿童的自然发展。儿童生来就有一种要做事和要工作的愿望,对活动具有强烈的兴趣,对此要给予特别的重视。"从做中学"对于学习和应用相结合的理念,和我们现在强调的理论联系实际、教育不能脱离生活的原则是一致的,是研学旅行的重要理论基础之一。

二、陶行知的生活教育理论

陶行知(1891—1946年),中国现代伟大的人民教育家、思想家。1914—1917年,陶行知赴美国留学,先后就读于伊利诺伊大学和哥伦比亚大学。在哥伦比亚大学教育学院就读期间,陶行知师从杜威并深受其教育理论的影响,但陶行知并没有照搬杜威的观点,而是在教育实践中对杜威的教育理论进行改造和发展,在继承和发扬中西方文化教育精华的基础上创立了自己的生活教育理论。20世纪初,陶行知结合近代中国的实际情况,将"教育即生活"改造为"生活即教育"思想。他提出生活教育理念的内涵,生活教育是人类社会原来就有的,是随人类生活的产生而产生的教育,生活教育也必然随着人类生活的变化而变化。生活教育与现实生活相应,生活教育就是在现实生活中受教育,教育在现实生活中进行,生活教育是一种终身教育。陶行知的生活教育理论具体如下。

（一）生活即教育

"生活即教育"是陶行知生活教育理论的核心。"生活即教育"的基本含义包括:

(1) 生活决定教育,教育不能脱离生活,有什么样的生活就有什么样的教育,教育是为满足人的发展和生活的进步的需要;

(2) 教育要适应生活的变化,生活教育的内容要随生活的变化而变化;

(3)教育为改造生活服务,在改造生活的实践中发挥积极作用,教育只有服务于生活才能成为真正的教育;

(4)生活教育是终身教育,是与人共始终的教育。

(二)社会即学校

陶行知认为自有人类以来,社会就是学校。陶行知提出"社会即学校",在于要求扩大教育的对象、学习的内容,让更多的人受到教育。他指出,我们主张"社会即学校"是因为在"学校即社会"的主张下,学校里的东西太少,不如反过来主张"社会即学校",教育的材料、教育的方法、教育的工具、教育的环境,都可以大大增加,学生、先生也可以更多起来。陶行知认为,"学校即社会"就好像把一只活泼的小鸟从天空中捉来关在鸟笼里一样。它要以一个小的学校去把社会上所有的一切东西都吸收进来,所以容易弄假。"社会即学校"就是"要把笼中的小鸟放到天空中去,让它能任意翱翔","把学校的一切伸张到大自然里去"。由此可见"社会即学校"的基本内涵包括:

(1)学校教育的内容和范围不仅限于书本和教室,教育的范围应扩大到大自然、大社会和人民群众中去;

(2)整个社会是生活的场所,也是教育的场所。社会的每一个角落都具有教育的功能,社会就是一个大学校;

(3)学校教育必须与社会实践相联系,要根据社会需要办教育。

(三)教学做合一

"教学做合一"是生活教育理论的教学论。关于"教""学""做"的关系,陶行知指出:"在做上教的是先生;在做上学的是学生。从先生对学生的关系说:做便是教;从学生对先生的关系说:做便是学。先生拿'做'来教,乃是真教;学生拿'做'来学,方是实学。不在做上用工夫,教固不成为教,学也不成为学。""教学做合一"是生活现象之说明,即教育现象之说明,"在生活里,对事说是做,对己之长进说是学,对人之影响说是教,教学做只是一种生活之三方面,而不是三个各不相谋的过程"。"教学做是一件事,不是三件事。我们要在做上教,在做上学""事怎样做便怎样学,怎样学便怎样教。教而不做,不能算是教;学而不做,不能算是学,教与学都以'做'为中心。"陶行知所说的"做",就是生活实践、社会实践,是发现问题、分析问题、解决问题的活动。

陶行知的生活教育理论对中国乃至世界教育的发展改革以及推动都产生了重要影响,至今仍然对教育具有重要的现实指导意义,特别从我国新课程改革以来,其是学术界内公认推进综合实践活动和研学旅行课程设计的重要理念来源与理论基础。

三、中西方的自然教育理念

(一)中国古代自然教育思想

在中国古代文化教育源远流长的发展历程中涌现出诸多观点各异而影响深远的

教育思想,总结归纳起来,这些思想的出发点与根本无外乎基于我国两大本土思想学派——儒家与道家。

1. 儒家的游学思想

儒家是起源于中国并影响及流传至其他东亚文化圈的文化主流思想、哲理与宗教体系。早在2000多年前的春秋时期,儒家学派的创始人孔子便打破了"学在官府"的传统教育形式,杏坛设教,开启了体验式教学的新篇章,形成了以"道德践履、仁爱贵和、精思善疑、平等民主"为核心的游学思想,进而有孔子带领弟子周游列国十四年的佳话典故,因此孔子可称为我国研学旅行教育的奠基人。孔子去世后,其弟子及传人也多有效仿孔子者,游学诸国、讲学授业,战国时期儒家学派的大师——孟子和荀子,便是当时游学活动的领军人物。

儒家思想强调道德教化、修齐治平,并且主张德育以"行"为其出发点,将知行结合作为教育的主要方式,并强调体验自然万物对学习知识的促进作用。"知者乐水,仁者乐山",孔子、孟子等人都积极鼓励学生通过考察名山大川、体验风俗人情等实践活动引发对生活细节的思考,从而达到强化日常教化的教育作用。儒家游学思想在中国古代教育史上具有划时代的意义,它开辟了社会教育的新方式,极大地推动了春秋战国时期民间私学的演进和发展,它使教育走出官府、走向民间,"学在四夷",促进了知识的下移、推动了教育的平等,开辟了古代教育发展的一个新时代。

2. 道家的自然主义思想

道家同样是起源于我国本土的思想学派与宗教体系,在教育理念上追求自然主义,强调培养"无为而无不为"的圣人。被认为是道家学派创始人,春秋末期的思想学家——老子在其著作《道德经》中有言,"人法地,地法天,天法道,道法自然",即认为自然是万物运行的根本,人们在实践和身体力行中感知自身与自然的融合共振,这是个人安身立命之根本法则,是所谓"道理",也是培养"圣人"的根本原则。而道家学派另一位具有代表性的人物,战国时期的思想学家庄子,也有言"原天地之美而达万物之理,是故至人无为,大圣不作,观于天地之谓也"(《庄子·外篇·知北游》),阐明了人的天性发展与天地自然万物间所存在着的辩证联系。

老庄强调以"不言之教"顺应"百姓"的自然天性,以"身教"为手段引导个体达到"自化"的目的。道家追求并主张人性的自然回归,按照自然万物运行的规律与法则展开教育活动,以培养"自然人",这样要求顺应学生的自然个性,使教育对象自主自觉地是其所是、成其所成的自然教育理念,对我国古代教育的发展产生了巨大的影响,甚至到今天对于现代教育的改革仍有一定的借鉴指导作用。

(二)西方学者的自然教育思想

在西方,夸美纽斯拉开了自然主义教育的序幕。他提出"自然适应性原则",主张从自然界发展教育规律,并号召"把一切知识教给一切人"。根据《大教学论》,教学应当明确自然主义年龄的划分特征,并据此确定各阶段的能力发展目标;教学要基于博学、德行和虔信,使儿童成为身体、智慧、德行和信仰和谐发展的人。为此,他还提出了许多适应自然的教学原则,如直观性原则、循序渐进和系统性原则、自觉性和主动性原则以及量力性原则等。

让·雅克·卢梭(Jean Jacques Rousseau,1712—1778年),法国启蒙思想家、哲学家、教育家。卢梭通过教育小说《爱弥儿》提出,"自然天性""事物"和"人为"是教育的来源,三者良好结合方能培养真正的自然人。卢梭是自然主义教育的巨擘,借助《爱弥儿》有力地批判传统封建教育制度对儿童造成的伤害。他认为,教育应当以培养"自然人"为目的。所谓的"自然人"不受传统的束缚,能够按照本性发展;能独立自主,不依附于他人;具有社会适应性,承担社会责任;身心健康,具有独立思考的能力。教育要以"顺应自然"为原则,按大自然赋予的自然顺序行事,适应儿童的发展水平和个性差异,让儿童开展自由的实践活动。

四、拉尔夫·泰勒的课程原理

拉尔夫·泰勒(Ralph Tyler)是美国著名教育学家、课程理论专家、评价理论专家。他是现代课程理论的重要奠基者,是科学化课程开发理论的集大成者。由于对教育评价理论、课程理论的卓越贡献,泰勒被称为"当代教育评价之父"。1981年,泰勒的《课程与教学的基本原理》与杜威的《民主主义与教育》一起被美国《卡潘》杂志评为自1906年以来在学校课程领域影响最大的两部著作。在《课程与教学的基本原理》一书中,泰勒给出了分析、诠释和制订学校课程与教学计划的基本原理,这一原理包括四个基本问题:

(1)学校应力求达到何种教育目标;
(2)要为学生提供怎样的教育经验才能达到这些教育目标;
(3)如何有效地组织这些教育经验;
(4)我们如何才能确定这些教育目标正在得以实现。

这四个基本问题正是任何课程及教学计划都必须思考并回答的问题,即课程目标、课程内容、课程实施和课程评价四个课程要素。研学旅行作为一门课程,在开展课程设计时,就必须包括这四个基本要素。

五、罗杰斯的人本主义教育理论

卡尔·兰塞尔·罗杰斯(Carl Ranson Rogers,1902—1987年)是20世纪中后期美国著名的人本主义教育家、心理学家,其教育思想至今仍有重要的影响。罗杰斯坚持教育要"以人为中心",教育的目的应该是"整体的人"的发展,应该追求"完整的人格"。他反对传统教学中注重知识的灌输,扼杀学生的好奇心和学习兴趣,把认知和情感分离的教学方式,强调教学应该知行合一。罗杰斯认为,教学应该是促进学生自由学习的过程,教师的角色应该是学生学习的"促进者"。教师的作用应该是帮助学生发现所学习的东西的意义,帮助学生安排好学习活动和材料。学生应该是学习的主人,教师应该是学生学习的助手、催化剂或促进者。在教学方法上,罗杰斯认为教学不是直接传递和灌输某种知识,而是传授获取知识的方法。他主张,教学活动应该是给学生提供组织好的材料,引导和启发学生自己去学习。

整体而言,研学旅行课程设计是为研学旅行教育活动的开展所服务的,因此在设计的过程中要始终紧紧围绕相关的教育理念以及理论,并结合实际情况开展。中西方发展历史久远的自然教育理念为研学旅行课程设计奠定了原则,杜威、陶行知的生活教育理论则为研学旅行课程设计指明了方向,泰勒的课程原理和罗杰斯的人本主义教育理念则为研学旅行课程设计的真正实现与落实构建了核心框架。因此,研学旅行课程设计只有将这些思想理论牢牢把握,才能够充分实现和体现自身的教育意义与价值,从而培养全面发展的人,为社会整体效益的提高贡献价值。

第四节 研学旅行课程设计的原则

《意见》对于研学旅行工作明确地提出了四项基本要求,即"以立德树人、培养人才为根本目的,以预防为重、确保安全为基本前提,以深化改革、完善政策为着力点;以统筹协调、整合资源为突破口,因地制宜开展研学旅行"。同时提出了四项工作原则,即教育性原则、实践性原则、安全性原则以及公益性原则。这是研学旅行课程设计工作总的参照依据和基本原则,研学旅行课程设计的筹备、组织与实施,应依据这些基本要求和基本原则,并结合课程与教学的基本原理。

一、教育性原则

研学旅行课程本质上是教育活动,所以研学旅行课程的设计首先要体现课程的教育性。教育性原则的落实主要在课程目标的确定和课程内容的选择与呈现上。课程目标的确定必须依据国家课程标准中关于综合实践活动标准与研学旅行相关的规定,要结合研学旅行的具体资源的性质来科学地确定。课程内容的选择要有明确的教育主题,内容的呈现要能够引领学生进行深度的思考和体验,研究问题或作业的设置应该能够引领学生对学习、参观、游览、体验的旅行资源做更加系统和深入的分析和认识,对于学生选定的研究课题提供相关的材料和思维启发,有助于学生获得研究成果,获得预期的情感体验和价值态度。因此,研学旅行课程设计的教育性原则要求其工作要结合学生身心特点、接受能力和实际需要,注重系统性、知识性、科学性以及趣味性,为学生全面发展提供良好成长环境与空间。

二、安全性原则

对于研学旅行课程设计来说,保证学生及教师人身安全是第一要义,一切都应该建立在安全的基础上。国务院《关于促进旅游业改革发展的若干意见》中明确提出,研学旅行要按照教育为本、安全第一的原则组织。因此,研学旅行课程设计要充分考虑课程的安全性,具体要求有以下几个方面:在景点线路的规划上要充分考虑景点资源的安全性,在研学手册中尽可能列出详细的注意事项,科学制定安全防范措施和应急预案,在行前课程中专门开设安全教育单元。研学旅行课程设计还要充分考虑学生的学段生理特点,旅行的运动量要设计在合理的范围,既要能够达到锻炼学生毅力的教学目标,也要注意不能超过学生所能够承受的合理限度。

三、科学性原则

课程的科学性首先应该体现在要符合课程原理的基本规范。研学旅行课程设计必须要有明确、具体、准确的课程目标,要有完善、合理、适切的课程内容,要有规范、有效、深刻的课程实施方案,要有科学、全面、多元的课程评价,以上的元素缺一不可,它们是搭建科学合理化研学旅行课程设计的基石。

四、综合性原则

研学旅行课程是一门多学科综合的跨学科课程,属于校外教育范畴,对学生的全面发展具有重要作用。它对儿童兴趣的产生具有启蒙作用,对青少年已有的兴趣具有巩固和拔高的作用,对青少年未来志向的形成与发展具有指导作用。现代社会的不断发展需要人们具备持续的创新意识和实践能力,校外教育在培养创新意识和实践能力上有着其他类型教育无法替代的作用。青少年在校外教育过程中学会的技能、掌握的本领、获得的意识,将影响其一生的发展。

研学旅行课程是以广泛的社会资源为背景,强调与社会进行多层面、多维度的接触与联系,拓展学生学习的空间,丰富学生的学习经历和生活体验。虽也重在一个"学"字,但强调提供"教育所必须,学校所不足"。因此,在开展课程设计时,要充分挖掘旅行资源的学科课程属性,在研学实践中体验、巩固、深入理解学科知识,拓展学科知识的外延。体验现实问题的复杂性和综合性,学会综合运用学过的知识分析解决现实问题,把书本上的知识变成现实中的知识,把"死的知识"变成"活的知识",通过知识的综合运用形成解决问题的能力。

五、过程性原则

过程性原则是指以过程作为评价的价值取向,评价指向教育过程本身,关注教育活动的内在价值,要求评价贯穿整个教育过程,开展全过程性的评价。研学旅行课程是通过旅行体验达成课程教学目标,是多感官刺激,在场景化、情境化的教学场景中实施教学的特殊课程。课程目标的达成以体验自主生成为主要途径,所以,在开展课程设计时,要充分考虑调动学生多种感官的综合运用,让学生通过情境化知识体验研学旅行课程的活动过程。不仅要关注学生课程成果的质量,更要关注学生在课程实施中的参与程度、解决问题的能力、创造力以及获得的直接经验和教训,关注学生参与整个课程的全过程。

六、真实性原则

真实性原则是指在进行研学旅行课程评价时要把学生在真实情境中的真实表现作为评价的基础,并对其在未来生活中的表现有一定的预判。真实性评价重视研学旅行整体目标在学生身上的真实达成情况,重视学生在特殊领域的发展,通过真实评价情境的设置和对学生真实性的全面把握,对学生的实际情况做出精细分析,从而促进教师在坚持统一目标的前提下,对不同的学生提出不同的要求,从而对具体的课程安排和指导更具针对性。

第五节　研学旅行课程设计的要素与流程

一、研学旅行课程设计要素

课程设计是指通过需求分析确定课程目标,根据这一目标选择某一个学科或多个学科的教学内容和相关教学活动进行计划、组织、实施、评价、修订,以最终达到课程目标的整个工作过程。研学旅行课程设计作为一门综合实践活动类的校外课程,应紧紧围绕学生的培养目标展开,各方面结合学生的兴趣、学习动机、意志品质、认知能力和认知方式,以体现"游、研、学"一体的综合学习方法。因此,研学旅行课程设计至少包括课程主题与资源、课程目标与内容、课程实施与评价、课程师资与研学手册四大要素。

(一)课程主题与资源

研学旅行课程属于综合实践活动课程。因此,在进行课程设计时每次活动要有一个确定的主题,主题设计要具有可操作的内容。例如:"知行合———探寻圣人阳明心学历程""重游湘江战役遗址——传承红色精神研学之行"。课程主题要求尽量简洁明了,能够直观清楚地概括课程内容。

在传统的分科课程里，其课程资源一般包括教科书、教辅材料、练习册、教学课件、教具、实验器材等。教学场所固定，一般都在学校内的教室或实验室进行。研学旅行课程比较特殊，其课程资源必须依托各种校外研学旅行基地，如文化遗产地、科普教育基地、爱国主义教育基地、职业体验基地、户外拓展基地、自然保护区等。此外，研学旅行课程会运用到包括研学旅行手册、推荐阅读材料、电脑软件、教具、实验器材等必要的课程资源。

（二）课程目标与内容

研学旅行课程内容是根据研学主题、研学目标、研学基地、研学时间等多方面因素综合考虑确定的，因此在开展研学旅行课程设计时，其设置的课程目标应该从学生发展核心素养的角度出发，具体可包括知识、能力、方法、情感、态度、价值观等，不要求每一个研学旅行课程都必须包括这些要素，可以根据研学旅行主题和目的地灵活选择目标。

（三）课程实施与评价

课程实施是根据研学旅行课程设计方案逐步开展落实的具体实践过程，以课程目标为主导，依照提前制定规划好的流程，逐步完成预设学习和活动内容的各个环节。课程实施包括行前、行中和行后三个阶段，"三段式"课程全部完成，才算完成课程的实施。

研学旅行课程评价不同于学科评价，研学旅行课程评价采用过程性评价，包括研学导师、家长、学生、校内外专家等在内的多元主体参与，研学旅行课程实施完成以后，其成果展示与交流也是评价环节中极其重要的一部分。

（四）课程师资与研学手册

相比起传统分科课程，研学旅行课程的师资构成相对复杂，且具有特殊性。研学旅行课程师资可以分为专业教师和辅助教师两大类。专业教师主要负责学生专业活动的知识讲解、活动安排、课题指导等工作；辅助教师主要负责学生日常生活、活动的组织管理及安全健康保障。从师资来源看，分为学校教师、第三方机构领队、业内指导专家、研学基地服务人员、家长志愿者等各类人员。

研学手册是连接师生的重要桥梁，也是研学旅行课程的主要载体，它相当于学生的学习作业本，兼有学习计划、阅读资料、练习题、评价单、学习日志等多种功能，是学生进行研学旅行课程活动的必备资料。研学手册通常会在行前分发给学生，发挥其"指南针"的作用，可帮助研学导师、学生了解此次研学旅行课程目标及学习重点，指明学习方向。

研学手册的内容对应研学活动的实施阶段，分为行前、行中和行后三个阶段，具体包括:行前准备——导入概要、知识储备、出行指南和安全预案;行中实施——总体行程、课程主题、体验创作;行后总结——研学日志、拓展学习、研学报告、研学评价、参考文献等。在研学旅行实施过程中,教师要督促学生完成所有研学手册的学习内容。

二、研学旅行课程设计流程

在明确以上研学旅行课程设计要素之后,设计的主要环节和流程具体如下:
(1)确定研学旅行课程主题;
(2)设定研学旅行课程目标;
(3)选择研学旅行课程资源;
(4)编制研学旅行课程内容;
(5)设计研学旅行课程过程;
(6)设定研学旅行课程实施方法;
(7)制定研学旅行课程评价体系;
(8)撰写研学旅行课程讲义(教案);
(9)完善研学旅行课程方案;
(10)实施研学旅行课程方案。

研学旅行课程的设计流程,须以国家和学校的教育理念、教育目标为引领,以原有课程体系和实践经验为基础,进行系统思考、顶层设计、优化整合,明确研学旅行的目标原则,确定研学旅行的活动主题,构建研学旅行的课程框架,细化课程活动的具体方法,最后致力于形成现代校外素质活动课程体系的特色品牌。这种由内而外的、生成式的设计过程,丰富和完善了原来学校课程结构,凸显学校课程的整体性和综合性,形成了一套完整的运行机制,为促进学生核心素养发展以及学校课程建设提供了新的增长点。

第六节 研学旅行课程策划思路

广州粤剧研学旅行策划思路

一、背景介绍

广州是中国南方的重要城市之一,拥有丰富的历史文化底蕴。粤剧作为广州文化的重要组成部分,是一种具有独特魅力的戏曲形式。为了传承和弘扬粤剧文化,提高学生对传统文化的认识和兴趣,广州市中学开展了以课程思政为视角的粤剧研学旅行策划。

二、目的与意义

本次研学旅行的目的是通过深入了解粤剧文化,培养学生的文化自信和传承意识,同时提高学生的团队协作能力和艺术鉴赏能力。通过将思政元素融入研学过程中,引导学生树立正确的价值观念,增强社会责任感和使命感。

三、活动安排

启动仪式:组织者向学生介绍研学旅行的目的、行程安排和相关注意事项,激发学生的参与热情。

参观粤剧艺术博物馆:研学旅行课程可以围绕粤剧博物馆展开。通过参观体验广州荔湾区粤剧艺术博物馆,学员可以从深入了解粤剧在中国戏剧史中的重要位置,进而理解粤剧作为人类非物质文化遗产代表作的意义,提升文化自信。在参观博物馆过程中,粤剧传承人讲解粤剧剧目、唱腔、身段、表演程式等,让学生了解粤剧发展史,从而补充了语文、历史课程上的内容。粤剧传承人通过折子戏或者粤曲的表演,让学生沉浸式体验文化魅力。在研学课程实施过程中,学生从知识、情感方面获得了新的收获。

学习粤剧基本功:请专业老师指导学生进行粤剧基本功的训练,如唱腔、身段、表演技巧等。让学生亲身体验粤剧表演的艺术魅力,提高其表演能力。

观看粤剧演出:组织学生观看著名粤剧表演艺术家的现场演出,感受粤剧的独特魅力。演出后,请艺术家与学生进行互动交流,分享表演心得和经验。

总结分享:行程结束后,组织学生进行总结分享,交流在研学过程中的心得体会和收获。鼓励学生将所学所感带回学校和家庭,传播粤剧文化的魅力和价值。

四、预期效果

通过粤剧研学旅行,学生将更加深入地了解粤剧文化,艺术鉴赏能力和表演技巧得到提高。同时,学生在思政元素的引导下,将树立正确的价值观念,社会责任感和使命感得以增强。这种寓教于乐的方式将为学生带来深刻而难忘的体验,培养其对传统文化的兴趣和传承意识。

通过粤剧剧目赏析,加深学生对传统文化的认识和理解。在欣赏经典剧目的过程中,可以引导学生关注其中蕴含的民族精神和传统美德,如诚信、孝顺、忠诚等,启发学生思考如何在现实生活中传承和弘扬这些价值观。

通过讲解粤剧表演技巧和身段训练,培养学生的艺术鉴赏能力和表演能力。同时,可以强调演员在舞台上的形象塑造和表演态度,引导学生树立正确的艺术观念和职业道德。

结合粤剧历史和传统文化,开展爱国主义和民族精神教育。可以组织学生参观粤剧博物馆和历史古迹,了解广州的历史文化和民族风情,增强学生的民族自豪感和爱国情怀。

在研学过程中,可以安排学生参与粤剧表演和制作,如化妆、道具、服装等,培养学生的团队协作能力和实践能力。同时,可以通过这种方式引导学生关注传统文化的保护和传承,树立文化自信和传承意识。

一、研学旅行课程策划概述

(一)政策背景及重要性

中共中央办公厅、国务院办公厅印发《关于进一步减轻义务教育阶段学生作业负担和校外培训负担的意见》之后,这一政策的效应持续释放,给研学旅行带来了新的发展机会。但由于近两年各种环境因素影响,研学旅游市场也出现了一些明显问题,比如表现在研学旅行产品方面,各类研学营地、研学基地研学产品层出不穷,但是质量参差不齐,深度不足,精细化程度低。中国旅游研究院发布的《中国研学旅行发展报告(2021年)》也指出了上述问题。从根本上来说,有一定程度是因为研学旅行产品设计策划的问题。研学策划是研学旅行的前期工作,起着引领研学旅行工作体系的作用。《中国研学旅行发展报告2022—2023年》指出,过去两年研学企业坚守、创新、进场、离场同时发生,总体而言企业数量的增加,主体多元化,激发行业内生动能,促进了企业的升级转型。研学基地营地逐步增加,凸显了新的主题,比如体育、文博、工业等主题,增长明显。从这份研学报告来看,研学市场正在从数量到质量转型,由原来的跑马圈地式的做法逐步地过渡到以质取胜的阶段。为了能够推动研学市场健康有序优质地发展,创新研学旅行策划至关重要。只有坚持从内容出发,做好研学旅行策划,以创新精神和理念贯穿整个研学旅行设计实施的过程。研学开发者、研学学员、市场才会得到共赢发展。

(二)学术背景及概念

学术界对策划的定义有很多种说法。陈放(1998)认为策划是提出新颖的思路创意对策,在此基础上提供可操作的,能够制定出具体实施方案的思维及创造实施活动,是一个系统工程。杨振之(2005)认为策划是通过整合各种资源利用系统分析方法和手段,分析市场的变化及相关要素设计出具有科学性、系统性,能解决实际问题可行性的方案和计划,并且在经济上考虑他人利益和价值最大化的一个过程。因此,杨振之进一步提出预测是人们谋划和计划的预谋活动,是在整合要素基础上制定出创造性、实效性、可行性的方案,以便达到效益和价值的最大化。

研学旅行策划是研学课程开发研学营地活动前期的重要工作。在研学旅行策划中,要先对整个研学旅行项目的重要性、可行性、必要性、可操作性,做全面系统的实地调研;再考虑"双减"政策、学生的学习情况、旅游研学营地属地的资源、研学旅行市场、研学旅行技术方法、研学旅行财务等,并做出全面的评估和谋划。

研学旅行策划需要综合借鉴管理学、经济学、旅游学、人类学、地理学、社会学等多种学科。通过学科的交叉结合,形成新的观念,总体而言有如下视角。

1. 管理学视角

研学旅行策划的过程,本质上是管理的过程,是从决策、组织到领导的过程。研学旅行的管理,可以从管理者和系统的角度来执行,主要考察研学产品从整个的开发到落地应用过程中的管理效率和运营效率,及时反馈、评估和调整研学旅行课程策略。

2. 经济学视角

经济学视角是研学旅行策划者从研学旅行产品的供给需求、收支、乘数效应、就业等方面来考量。目前,在研学旅行市场欣欣向荣的背景下,研学机构更需要关注的是研学产品开发前的策划,要做好产品开发可行性调研,以及经济效益的确切评估。在研学旅行产品成熟阶段,需要考量产品的更新迭代和可持续发展潜力,适应市场需求。

3. 人类学的视角

人类学视角常常通过对局内人"主位"的观察视角,考察其社会文化风俗制度等主题。在研学旅行策划中,人类学的主要作用是帮助研学开发者能够站在不同的角度思考问题,尤其是站在学员的角度。同时,运用人类学的视角还可以加强跨文化产品研发能力,尤其是研学产品海内外转化的问题。

4. 地理学的角度

地理学的角度,在研学旅行中一般是关注研学营地的选址空间,以及关注研学营地所在地的人口、自然环境、资源气候、社会文化等因素,融合了人类学、文化学、生态学等知识。

5. 社会学的角度

在研学课程开发过程前,运用社会学学科理念和知识,对研学项目所属地区以及研学开发机构、研学管理机构、研学导师、研学项目做基础调研,厘清研学开发主体、利益相关者及相关运行机制,更好地服务于研学旅行课程策划、开发和运营。

综上所述,可以认为研学旅行产品策划是研学旅行主体内容之一,即组织者策划者、研学机构等,通过对研学旅行政策、研学旅行市场、研学旅行环境进行充分的调研分析论证,设定研学旅行目标的过程,这一策划过程具有创造性。通过策划,研学旅行产品得到最高效率的管理,最优的经济效益以及社会文化效益。这一系列完整的过程,具有创造性和想象力,也有科学性和可行性。

(三)独特性

第一,对研学旅行产品资源的认知、挖掘、评价是研学旅行策划的前提。研学旅行资源开发的调查和评价涉及自然科学与人文科学,上述的经济学、管理学、人类学、地理学,甚至包括历史学、文学、传播学等,在研学旅行策划这一块比较新的领域里面,需要有专门的人才。各学科的人才进行跨学科的合作,才能够得到一个比较合理的评价。总的来说,研学旅行产品策划是一个具有开放性、多元性特点的新领域。这需要同学们在学习研学旅行策划、研学旅行产品开发及其他相关知识之前,要有开放的心态,多汲取邻近学科的知识,而不能固步自封,闭门造车。

第二,对研学旅行市场的实地调研和参与式观察,是研学旅行策划成功的重要步骤。全球旅游市场不同于其他类型的旅游市场,不是单纯的课外辅导,研学旅行变化比较大,市场更新迭代快、变化频率高。从旅游管理学科来看,传统的问卷调查以及大规模的数学统计不能满足适应快速变化的市场需求,这个时候需要跨学科、多学科的合作,运用参与式观察的方法,深入市场一线进行调研,尤其是需要中小学教师的帮助。做好"研学志""研学史"的撰写,记录好过程档案,将质化与量化相结合。

第三,研学旅行产品内容和体系的策划是研学旅行策划的难点。现有的课程资源、旅游资源,相对来说比较丰富的,但是资源再好,价值再高,也需要对整个产品的设计、生产、消费过程做出合理判断。目前需要进一步关注和研究的是研学旅行资源从何而来,哪些资源适合做研学产品,哪些不适合做研学产品;哪些能够适应市场的变化,哪些不能。避免盲目地去开发研学资源,盲目地设计产品,导致管理效率低下、经济效益降低。在做策划之时要对资源做一个系统的调查、分类以及合理评价,充分考虑研学旅行产品的生命周期以及可持续发展的潜力。

二、研学旅行课程策划的常见思路

(一)锦上添花思路

锦上添花思路是指研学开发者在进行产品策划和开发之前,已经对当地的研学资源做了全面的认知调研及合理评价。在这种思路下,研学旅行课程开发者非常熟悉现有的、可直接运用的研学旅行资源。从某种程度上来讲锦上添花的策略是基于具有较好的资源基础开展的研学旅行课程策划。

"跟着课本去打卡"引领研学旅行新风尚

中小学课本,除了可以让孩子们从小接受文化知识外,还可以帮助孩子们触摸历史、认识当代中国、感受美好世界。"我站在高山之巅,望黄河滚滚奔向东南。惊涛澎湃,掀起万丈狂澜。""在华北平原上,有一个美丽的地方,那就是白洋淀。""云冈石窟的造像气势宏伟，堪称公元5世纪中国石刻艺术之冠。"这些中小学课本中描绘的优美风景展现了祖国各地特色的文化和旅游资源。如今，一段段熟读过的文字，正成为高考毕业生脚下丈量的"现实"。

据报道，截至目前，携程平台研学产品预订量已超过2019年同期水平。随着暑假到来，预计订单量还将大幅增长，其中主打历史人文、户外自然、科学技术类的研学产品最受欢迎。

"跟着课本去打卡"是研学旅行的一种创新教育形式。中央电视台播出的一档体验性纪录片《跟着书本去旅行》，节目以中小学课本为线索，由老师带领孩子，来到课本中讲到的地方，让孩子们身临其境，让枯燥的课本有了生命。例如，学生们来的绍兴鲁迅故里，在三味书屋看私塾、百草园里寻童趣，可以从很多细节中了解影响鲁迅先生一生的生活印记。

近年来，每逢寒暑假，研学旅行已经成为很多家庭的选择。出现在中小学课本中的名胜古迹如故宫、泰山、西湖、八达岭长城、颐和园、寒山寺、黄山、圆明园、天安门广场、漓江曾位列热门"课本旅游"景区前十。

（资料来源：中国旅游报"跟着课本去打卡"引领研学旅行新风尚http://www.ctnews.com.cn/paper/content/202306/27/content_80760.html。）

在这个案例中，我们可以看到已有的研学旅行资源是故宫、泰山、西湖、八达岭长城、颐和园、寒山寺、黄山、圆明园、天安门广场、漓江等自然与人文景观，以及相关的学校教学课程内容。如《从百草园到三味书屋》，研学旅行开发者在这样的条件之下，可以采用锦上添花的策略，让已有的课本知识变得更加生动活泼具体，把书面文字变成生动感人的研学实践，可感知、可接触，从而引起学生的情感共鸣，达到研学效果。

（二）化熟为生思路

这个策略符合研学旅行的特点，即注重新、奇、特，引导学生走出户外拓展知识。读万卷书不如行万里路，研学旅行课程策划者需要把课本学习中遇到的比较难的知识点或者话题，做成课外拓展研学旅行。争取把难以理解的知识点在地化、形象化、可接触化，从而将其转化为具有创新品质的研学产品。比如瑞典Liljeholmen岛上的Trekants湖附近的果味游乐场，通过研学旅行基础设施的打造，比如把香蕉、西瓜、苹果等水果做成可接触的健身房、滑梯等运动设施，研学学员可以在各种水果里面穿梭，还能够了解很多与食物相关的植物学知识，又有科学营养膳食的知识科普，达到了寓教于乐的效果。在这个项目中，开发者把日常生活中常见的水果种类转化成研学旅行设施，也就是把习以为常的东西陌生化，化熟为生，做到创意策划。

在化熟为生这个策略中，重要的是研学旅行策划者要能把握研学旅行资源本身的结构和特点，而不是走马观花地认知和重组研学资源相关的知识体系。比如西班牙瓦伦西亚格列佛公园项目，是根据英国作家乔纳森斯威夫特（Jonathan Swift）的作品

《格列佛游记》(Gulliver's Travels)来设计的。项目策划者设计了巨大的格列佛雕像,项目通过沉浸式体验,学员和游客变成了小人国里面的居民,可以攀上各种各样的梯子探索格列佛这个巨大的雕像。在这个项目中,大家所熟知的是《格列佛游记》里的内容,即格列佛在航海沉船之后,漂流到了小人国,在沉睡时被小人国的居民用绳子捆绑。针对这么一个小小的故事片段和场景,项目设计者打造了沉浸式体验景观,项目将小说里的场景在地化、可接触化、可操作化,给学员眼前一亮的感觉。

(三)跨界协同思路

这一思路是最近较为流行,通常是以某种研学旅行资源为主,先做深一种内容,再依托于研学营地,开展跨界合作,寻找新的知识增长点。比如武汉5号车间是一家大型艺术创意研学基地,同时也是一家综合性艺术体验馆。在5号空间中,有木工、陶艺、版画、综合绘画等艺术形态研学内容,同时也加入了露营烧烤等旅游业态,它是融合形态的研学产品。

山东诸城发力研学旅行 开启文旅跨界融合发展新局面

近年来,山东省诸城市依托恐龙化石、红色历史、名人文化和山水田园等特色文旅资源,持续构建"四三二一"研学旅行体系,打造研学旅行高地,加快推动文旅融合高质量发展。

高标准建设"四大基地",打牢诸城研学硬核基础。诸城市瞄准一流研学产品,重点打造了四类省市级研学旅行基地,建设具有诸城特色的研学载体。依托迈赫机器人大世界、竹山生态谷、常山永辉乡间生态园等,打造"探索之旅"主题研学旅行基地;依托诸城市恐龙博物馆、暴龙馆、龙骨涧等景区,打造"恐龙之旅"主题研学旅行基地;依托诸城市博物馆、诸城名人馆等文博场所,打造"文化之旅"主题研学旅行基地;依托王尽美烈士纪念馆、刘家庄抗战纪念馆、臧克家故居等,打造"红色之旅"主题研学旅行基地。在提升研学旅行产品体验过程中,不断完善硬件设施,塑造新场景。其中,竹山生态谷最大限度地配合研学课程要求,对园区内所有相关场地、设施及器材等硬件设施进行了改建;恐龙博物馆在进行全方位提升的同时,新建"龙立方"馆、角龙馆、甲龙馆等"一方四馆"。

(资料来源:中国旅游报 山东诸城发力研学旅行 开启文旅跨界融合发展新局面 https://www.mct.gov.cn/whzx/qgwhxxlb/sd/202304/t20230419_943165.htm。)

三、研学旅行课程策划的基本步骤

（一）研学旅行学情调查

学情调查是指在做研学旅行课程策划和开发的时候，要针对目的地、学生生源及学习情况做基本调研。学情调查包括以下几方面内容：第一，要考查学生对研学知识的内容，是不是已经理解掌握了，或者学习到什么程度，在学校学习的时候或者参加其他研学活动的时候，是用了什么样的方法？课程开发者可以通过参与式观察获取学员的一手资料。第二，考察学员之前是否参加过研学活动，是否曾经来过研学营地。第三，考察学员对研学活动方式、组织形式及导师教学的基本认知和观点，可以通过观察、访谈完成。

（1）确定和走访研学基地和研学营地。课程开发者可以运用人类学、社会学的方法，走访研学基地、营地，观察研学基地和营地的研学活动，查阅研学档案，访谈学员和导师。在这个过程中，研学旅行课程策划调研者需要确定调研的重点，发现现实中存在的问题，及时记录和评估。

（2）确定调查范围。在这个部分中，可以采用跨学科的思路。因为中小学研学旅行课程涵盖了语文、数学、英语、道德与法治、历史、物理、化学、地理、化学、音乐、美术、体育等多个学科。研学旅行课程策划者和开发者需要创造性地将多学科的内容做一次整合，采取跨学科合作的方式，充分运用团队智慧解决实际问题。比如说研学旅行课程"走进曲阜六艺城，探究儒家六艺文化"涵盖语文、历史、体育、军事、数学、音乐、美术、物理等多门学科的内容，需要跨学科合作，协同解决问题，设计观察或者访谈提纲。在这个部分中，研学旅行开发者可以运用结构访谈或者半结构访谈的方法，配以调查问卷，针对具体的研学资源做基础调研，比如针对广西六堡茶制作技艺（非物质文化遗产代表作），可以从广西地方茶叶种植史、地形气候、茶叶成分和特性等方面设计细化调研问卷，一步步分析这些资源和学科知识、学员学情的关系，进而推进策划工作。

研学旅行策划参与式观察提纲（节选）

1. 研学元素是如何被发现的？
2. 研学旅行活动主体是什么？官方，地方部门，抑或是民间团体？研学旅行发起人、研学旅行开发者身份是什么？在什么时候出现？影响力如何？

中小学老师、大学老师、评估机构、旅游机构分别在研学过程中起了什么作用？

3.研学基地和研学营地，在策划、组织、运转方面有什么区别？

4.大众传媒、自媒体扮演什么角色？微博、知乎、贴吧、小红书、抖音、快手上面有什么研学账号或者知名博主？他们的策划与内容是什么，有什么特点？

5.研学机构打造的旅游旅行项目，是代表了谁的观点？研学导师怎么看？经理怎么看？

6.哪个社会阶层参与了研学旅行？他们的职业和收入情况是什么？

7.什么资源适合做成研学旅行产品？如日常生活中的服饰、饮食、建筑、民歌、戏剧，习俗可以做吗？不同学科的内容如何和课本结合呢？

8.哪些类型的研学产品或研学营地更受欢迎？研学营地有开发和宣传意识吗？创新度如何？

9.研学导师在课程教学的状态是什么，演讲语气、表情，身体语言、PPT展示分别有什么样的特点，哪种风格受到欢迎？

10.研学学员在研学活动过程中有什么样的心理状态？有什么样的感情？学员之间每天都有交流吗？他们在交流什么？学员喜欢怎样的研学氛围？学员或者家长有没有拍摄活动照片，或者制作小视频，分别有什么样的风格和特点。

（二）确定研学旅行课程参与主体

在研学旅行策划过程中，坚持立德树人的根本任务，必须要以学员的身心健康，素质提高及能力的可持续发展为本，将研学内容和生活实际相结合，尊重学生的创造力和想象力。关怀学生，关怀导师，教学相长。研学开发者需要尊重研学资源的特点，严格遵循研学旅行的规律及学生的需求，在此基础上创造性地用跨学科的视角安排研学活动的目标、内容、活动方式以及评价。采用启发式，讨论式、体验式、团队合作各种方法，激扬学员内心的生活学习热情。

在研学策划调研过程中，研学策划者和导师要始终保持开放的心态，积极转化研学资源、研学活动。比如德国斯图加特巢穴乐园，kukuk儿童乐园设计公司在调研时，立足于当地充足的森林资源和昆虫资源，根据孩子喜欢攀爬的天性，用天然木材搭建不同种类的巢穴模型作为基础设施，供孩子们攀爬探索，了解昆虫的习性。在这个例子里面，设计者考虑到了儿童的心理和认知特点，结合学校所学知识，做了个性化的策划设计。在以上案例中，研学策划者、研学导师和研学学员均为主体，发挥不同的功能和作用，研学策划者从整体思路和设计理念上引领研学活动；研学导师充分发挥作用，在理解学员年龄段特点的基础上辅导学员;学员通过具体的、精心准备的项目内容,获取知识技能。因此,在研学旅行策划的过程中准确地定位研学参与主体,因地制宜,因材施教,实现创意设计是应有之义。

(三)研学旅行课程创意策划

如何创造性地设计研学旅行活动,一般有以下几个思路。

第一,深入挖掘主题。选择一个有趣且与学生学习目标相关的主题,然后深入了解该主题的各个方面,与当地的博物馆、科研机构、艺术团体或社区组织建立联系,合作策划研学活动,并寻找与之相关的活动和体验。如江苏扬州"童眼看扬州"等研学游产品,以"扬州人游扬州"为主题,立足于本地历史文化,策划文化探索、非遗技艺体验等主题的文博类研学产品,提供专家讲座、实地参观、工作坊等丰富的学习形式,深受欢迎。

第二,创意项目与实践体验。设计能够让学生亲身参与和实践的创意活动。例如,江苏㟃山地质公园的自然传奇研学夏令营,设计了地质考古、采蜜游戏、植物采集等有趣的实践环节,引导学员去探索一些他们之前未接触过的领域,让他们体验到新事物和发现乐趣,让孩子们玩得开心,寓教于乐。学生沉浸式体验创意项目,促使他们将所学知识结合实际情境加以理解,也有助于培养他们的探索精神和开阔眼界。

第三,创意方法与技术运用。运用跨学科的理念,将不同学科的知识和技能结合起来。这样可以帮助学员更好地理解学科之间的关联性,并培养综合思考和解决问题的能力。同时,可以在策划过程中使用新的科技成果,运用科技工具增加学生的参与感和互动性。例如,使用虚拟现实技术、混合现实技术等使学生进行虚拟实境体验,或使用移动应用程序来进行游戏化学习。如敦煌虚拟现实博物馆,该馆通过数字化保护和传播手段,以典型洞窟的虚拟漫游,敦煌数字化研究过程展示等为内容,再现了敦煌的艺术和文化保护的成果,让学员可以通过新的技术尝试学习相关内容。体现了研学旅游策划的创新性和参与性。

"研学旅行"课程的设计:意蕴和策略

教育部等11部门于2016年联合印发的《关于推进中小学生研学旅行的意见》(以下简称《意见》),对研学旅行给出了明确定义,明确提出了研学旅行工作的目标要求和工作原则,确定将研学旅行纳入中小学教育教学计划。对于中小学校树立全面的课程意识,打破"学术类"课程的藩篱,使学生的学习从教室走向社会、走向更大的世界,有着十分重要的现实意义。

1. "研学旅行"课程的知识观:着眼于增长见识和丰富知识

苏联教育家赞科夫说过,学校有两大任务:一是传授知识培养能力,二是指导和帮助学生"作为人的一般发展"。前者主要依托正式的学科课程;后者要求学校在正式课程之外,特别设计那些指向"人的一般发展"的一系列教育活动。"研学旅行"课程就属于后者,"中小学生研学旅行是由教育部门和学校有计划地组织安排,通过集体旅行、集中食宿方式开展的研究性学习和旅行体验相结合的校外教育活动",显然,研学旅行教育活动与其他指向"人的一般发展"的教育活动一样,都是另一种形态的课程,属于准课程、微型课程或有规划地自由学习,只不过没有像正式的学术课程那样,有教科书文本、精致的课程标准和教学指导纲要、学业测评的细则,也不是以"学科分工"作为教师人事安排的前提。

"研学旅行"等活动类课程能弥补学校正式课程和正式学习中的不足或缺陷,在孩子的生命成长中发挥着特别的作用,其教学的指向在于增长见识、丰富知识并关注精神层面的修养,正如《意见》中所说:"研学旅行要因地制宜,呈现地域特色,引导学生走出校园,在与日常生活不同的环境中拓展视野、丰富知识、了解社会、亲近自然、参与体验"。中小学校不只是关注"关起门来做学问"的那些事,多元化是学习的基本形态,观察是学习,体验也是学习。除了知识是学习的成果,见识的增长、良知的觉醒、心灵的净化都是学习的成果。

2. "研学旅行"课程的教育观:崇尚浪漫和思想的自由

《意见》指出,"让广大中小学生在研学旅行中感受祖国大好河山,感受中华传统美德,感受革命光荣历史,感受改革开放伟大成就,增强对坚定'四个自信'的理解与认同"。学校中的"塑造人"的任务是与精神层面的提升有关,孩子的成长不仅要面对变化的、复杂的生活,还要面对各种诱惑和不真实、不真诚,唤醒学生检审生活的意识,也是"研学旅行"课程的重要内容。

教育是一种精神修炼和文化追索,"研学旅行"活动课程是教育本质内涵的具体体现。学校借力于这一课程,可以拉动教师跳出"知识功利化的那个空洞"以见到外面的阳光,使教师的那些涉及教育精神价值和本质事务的"可行能力"得以提升,从而将教育的关注点引向如何提高每个学生将来"有价值的生活"的可行能力。对于学生来说,修炼"有价值的生活能力",不仅能获得具体的日常生活能力,更能提升自由选择的能力,从而达到自由地选择、开发和实践自己的人生计划,自由地发现自身全部价值的目的。

3. "研学旅行"课程的教学观:借用技术支撑和增强学习

《意见》要求,"根据小学、初中、高中不同学段的研学旅行目标,有针对性地开发自然类、历史类、地理类、科技类、人文类、体验类等多种类型的活动课程",学生本身拥有的观念是"研学旅行"的教学的起点,正如皮亚杰所说那样,学生有"一个观念库,里面包含了种种合理的、矛盾的、古怪的、或主观的观念"。

"研学旅行"活动课程的教学,要"做到立意高远、目的明确、活动生动、学习有效",避免"只旅不学"或"只学不旅"现象。其教学的特点是"将观念建立在直接的旅途之中",可以采取知识整合的教学方式,一方面关注和利用学生观念的丰富性,另一方面鼓励学生整理观念,并建立起对社会现象、自然现象的一致性的理解。

《意见》强调,"教育部将建设研学旅行网站,促进基地课程和学校师生间有效对接",借用网络平台和信息技术手段,可以支撑和增强学习。

从学生本身拥有的观念出发,通过知识整合的教学模式,着眼于引出观念库、增加规范性的新观念、在旅行过程的观察和体验中区分观念、反思和整理观念四个方面,构建整个教学过程、形成有效的教学模式,使学生对自然现实和社会现实进行"科学和精神层面的触及",利用信息技术手段对思维和行动进行可视化呈现并推进学生的参与与分享,兼顾协作学习和自主学习的平衡关系,从而提高"研学旅行"活动课程的教学效果。

相比于传统的课堂内进行教学的学科课程,"研学旅行"活动课程没有明显的有规律性、可控性、阶段性和连续性的特征,更多是呈现了无规律、不可控和非连续性的特征,这就要求在"研学旅行"出发之前,做足功课,而且不同于传统课程的新课预习那样简单的准备。首先,学生自身必须检索自身的观念和能力储备的状况,没有前奏的知识,是难以很快进入"研学旅行"的学习状态;二是教学中如何寻找"关键事件",关注关键事件可以将"研学旅行"活动做得很精彩、有艺术感并能够增加学生的新观念;三是教师的"临场智慧",教师娴熟的技术和高度的智慧,能够让学生总是处在"旅行"、"研学"的热爱和分享状态,内在的学习动机得到了充分激发,虽然"研学旅行"活动课程内容难以做到先后连贯,教学的进度也没有连续性,但是,"对经验的新态度和新兴趣的发展",是"研学旅行"课程教学的内涵,这是先后联系并不断向前延续、向上提升的,正如杜威所说中,"教育是经验的继续改造,如果非得搞出一个其他的目标和标准,便会剥夺教育过程的许多意义,从而导致了人们在处理儿童问题时依赖虚构的和外在的刺激"。

(资料来源:中华人民共和国教育部 http://www.moe.gov.cn/jyb_xwfb/moe_2082/zl_2016n/2016_zl64_2147441639/201612/t20161219_292362.html,有删改。)

知行合一

　　政府高度重视研学旅行的发展与实施落实,出台相关政策为其明确定义、指明地位、制定框架的同时,更有诸多的业内专家对研学旅行作出细致解读,使得研学旅行的发展进一步清晰明了。在研学旅行实践热度不断攀升的今天,如何避免研学旅行的开展过度商业化、形式化,需要我们在结合好现实情况因地制宜的同时,不断回顾研学旅行相关的政策文件,领会其中精神及内涵要求,才能保证研学旅行的良性、正确发展。

课后自测

本章小结

　　本章主要学习了研学旅行课程设计的概念、研学旅行课程分类、研学旅行课程设计的理论基础、原则、要素与流程,以及研学旅行课程策划思路。

课后作业

1. 简述陶行知生活教育理论与研学课程设计的关系。
2. 结合本书概念简述什么是研学旅行课程设计。

第二章
研学旅行课程教学设计

本章概要

研学旅行课程教学设计,主要包括主题设计、目标设计等环节,这是课程内容开发的前期环节。本章主要是从研学旅行课程主题内容、目标分类、设计方法出发,介绍研学旅行课程主题与目标设计的选择方法和操作方法。

学习目标

知识目标:

1. 了解研学旅行课程主题定义和内涵;
2. 掌握研学旅行课程目标设计的步骤。

能力目标:

1. 判断能力,能根据实际情况设定目标;
2. 内容组织能力,根据研学不同阶段的目标,设置相关内容。

素质目标:

1. 培养学生人文情怀,在设置研学旅行课程目标时关注学员与课程的关系,提升学生的整体素质;
2. 培养学生文化自信,通过学习本章节,贯彻立德树人的总目标,培养家国情怀。

章节要点

课程主题的类型;课程目标的分类;课程目标的表达。

知识导图

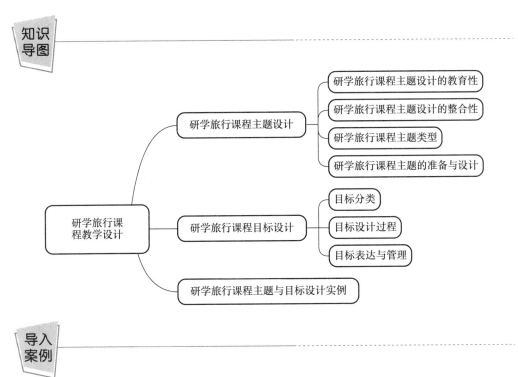

导入案例

桂林山水文化研学课程主题目标

桂林作为世界级旅游城市,在开发研学课程方面拥有独一无二的优势。依托桂林三个研学地:桂海碑林、两江四湖、"印象·刘三姐"开展研学课程目标设计。在设计过程中,充分考虑四大地理核心素养,以此为基础制定桂林山水文化研学目标如下:第一,区域认知。从桂林的地理位置、区域环境特征等方面,分析桂林山水文化繁荣蓬勃发展的有利区位条件。第二,综合思维。结合桂林山水文化的发展历程,分析影响桂林山水文化发展的因素。第三,人地协调观。通过桂海碑林描绘的各类文化,体悟前人与桂林山水相处的方式和理念。第四,地理实践因素。对桂林山水文化三大研学地进行实地调研,进一步深入了解桂林山水文化的丰富内涵与独特魅力。

(资料来源:李平卫,张琳,谭新秀:《桂林"山水文化"地理研学旅行课程设计》。)

在本书后面的章节,将围绕着研学旅行课程设计的各方面来展开阐述。

1. 设计原则

研学旅行课程建设围绕"德、智、体、美、劳"全面发展的主线,体现德育为先、能力为重,认知为基础,强调社会责任感、创新精神和实践能力,注重研学活动的文化性、科技性、自主性和社会性。

2. 课程结构

研学旅行课程不是简单的外出观光游玩活动，作为课程的延伸，在二次设计中课程的基本要素应包括研学旅行课程主题、目标、内容、实施、评价等。

3. 项目任务

在课程设计过程中，要基于学生已有的认知经验，有效地联结学生的学科学习，体现对学科知识的综合运用。课程设计中的项目任务要有明确的目标指向和要求，使学生能够在完成任务的过程中，实现自我、他人和社会的多维互动，生成可分享的成果，促进自我的反思。

4. 教师指导手册和学生学习手册

在具体的研学旅行课程设计中，一般主要通过两种形式呈现课程，即教师指导手册和学生学习手册。教师指导手册一般应包括研学旅行线路图、行程安排、教师安全指导方法、学生行为规范及安全须知、教师的指导策略或方法、学生学习单等。

第一节　研学旅行课程主题设计

研学旅行课程主题是指一次完整的研学旅行课程活动中，其主旨、核心的内涵，是学员考察、研究和体验的中心议题。主题设计基于立德树人的根本要求，结合国家教育方针、学生学习需求和实际情况来设计，帮助学生把理论知识与实际生活体验相结合，学习不同地域文化背景、自然风景和历史文化，探索和发展科学技术素养，培养全面发展的技能，提升综合学习能力，增强批判性思维能力和逻辑思维能力。而在设计研学旅行课程目标的时候，需要注意以下几点。

一、研学旅行课程主题设计的教育性

基于研学旅行的开展是以"教育+"为出发点，我们在设计研学主题的时候，选题应考虑合适的教育主题及目标。研学旅行不是简单的出门观光或者休闲旅游，而是一次课堂之外的教育实践活动。因此，选题应与学校的、学科的教育目标相适配，有助于实现教育教学目标。

研学旅行的主题应与学生所学课程内容紧密相关，以便学生在实地考察中加深对课堂知识的理解。例如，地理课程可以选择地质公园作为研学旅行目的地；历史课程可以选择古城遗址、文化遗产地开展考察和学习。

在设计主题的时候，需要注意到研学旅行的主题应具有实践性和体验性，让学生在实际操作中学习和成长。例如，环保主题的研学旅行可以让学生参与环保项目，设计生动有趣的体验环境，亲身感受环保工作的重要性，增强环境保护意识。

二、研学旅行课程主题设计的整合性

研学旅行不可游离于课程之外单独存在,应该把语文、数学、地理、历史等多种学科有效整合,重构课程体系知识谱系和学习体系。例如,历史学科可以通过研学旅行中的活动,如"重走孔子周游列国路",将书本上的文化内容和现实实物、场所、景观所见互相融合,满足学生的教学需求,增加历史教学的具体化和现场感。语文学科也可以通过研学旅行与语文篇目的学习融合,帮助学生更深刻地理解文章。

要做到主题设计的整合性,需要关注社会发展热点,立足于广阔的社会生活和历史发展进程。比如数字文旅、元宇宙、智能智造等热点主题,都是当下学生所喜闻乐见的内容。研学机构或导师在设计主题时,应结合语文、数学、物理、计算机等知识体系,打破固有的知识体系,从各学科中提取新的知识点,打造新的研学内容,适应时代发展需要,激发学员的探索精神。例如"探秘岳麓山"地理研学旅行,路线涉及湖南师范大学地理科学学院、忠烈祠、陆军第七十三军抗战阵亡将士墓、蟒蛇洞、爱晚亭、东方红广场等地点,融合了地理科学、信息科学、生物、历史、体育等学科的知识与方法。

三、研学旅行课程主题类型

我们可以根据中小学学科、研学旅行基地(营地)和市场的具体需求设置研学课程主题类型设置。2017年,教育部颁布《中小学德育工作指南》,提出要"组织开展主题明确、内容丰富、形式多样、吸引力强的教育活动"。研学课程主题设计者需扎根祖国大地,积极观察、深入研究中小学学科教育的发展动态,把德、智、体、美、劳紧密结合,进而促进学生核心素养的发展。研学课程主题设计可以围绕以下范畴展开。

1. 自然探索类主题

这类主题通常关联的中小学学科是数学、物理、化学、生物、地理等。这类主题特点是和中小学课堂教学关联度较大。

2. 科学技术类主题

这类主题通常吸收最新的科技和工程知识成果,体现人类智慧结晶,具有很强的应用导向。研学旅行类型中的国防科工类课程充分体现这类主题。关联学科是中小学物理、化学、生物、计算机等。

3. 历史文化类主题

这类主题通常涉及历史、哲学、文学等知识范畴,具有一定的思辨性及人文关怀;涉及的中小学课程是语文、历史、思想政治、生活等。这类主题能引导学员观察、思考生活。

4. 社会经济类主题

这类主题关注人类学社会发展中的各种现象,比如经济、公共政策、社会福利等方面;涉及的学科是历史、道德与法治等。

5. 综合类主题

这类主题较难归入某一类别,主要是观察、分析和阐释复杂现象。比如文化旅游热,以及相关的研学旅行,涉及传统文化元素的创新运用,是历史、语文、地理、道德与法治学科的拓展,能够培养学生的文化自信与文化自觉,综合性相对较强。研学机构、研学指导师在课程设计时可以有较为灵活的选择。

四、研学旅行课程主题的准备与设计

寻找与确立主题需要课程开发者对身边的自然环境、文化环境和社会生活做初步的探索和研究,主动去发现与学科教育相关的问题。在此基础上结合教育目的、中小学课程教学知识结构,以及中小学生的心理特点、学习现状,提炼并且形成研学旅行课程的主题。

第一,研学课程开发者需要带着问题和假设到景区、研学基地、研学营地以及相关的地点开展研究活动。在这一过程中,通过参与观察访谈问卷调查、小组讨论等方式,收集和整理研学课程开发所需要的资料;在收集和整理信息之后分类编码整理资料,并形成初步的文字描述或者调查报告,分析研学课程的基本概况。与此同时,研学课程开发者还需要了解熟悉当地中小学的实际情况,做出针对性的报告。

第二,对照教育目标和教学内容,设定研学课程主题。研学课程不能简单地走马观花,要结合中小学的实际教学情况开展。研学课程开发者可以提取上述调研报告或者文字描述中的关键字词,形成主题关键词,然后依据关键词,思考研学课程中所涉及的学科知识及应用场景,最后对照教育目标和教学内容,将关键词具体化,形成研学课程目标陈述。

需要注意的是,设置研学课程主题,需要对研学资源有较好的理解,同时能够结合教育教学实际情况展开。近几年,以非物质文化遗产为主题的研学课程如雨后春笋般涌现,课程虽多,但是细节仍需打磨。在目前的研学旅行课程中,大部分策划者首先需要选定一个具体的非物质文化遗产项目,例如剪纸、年画、刺绣等,这个项目应具有代表性和典型性,试图让学生了解到该项目的历史、文化内涵和工艺特点。其次确定课程主题与目标,比如针对7—9年级学生,课程目标应该包括了解非物质文化遗产的历史和文化背景、掌握基本的工艺技能、培养创新意识和实践能力、增强对传统文化的热爱和尊重等方面。在具体的研学课程中,大部分研学课程还安排了一些小型的实践项目,学生在导师的指导下动手操作,学习掌握基本的工艺技能和方法,例如剪纸、刺绣等,让学生体验非物质文化遗产魅力的同时,学习的形式也能够更加全面多元化。课程和导师引导学生发挥创新思维,结合现代设计理念和元素,设计出具有个人特色的非物质文化遗产作品;也有的组织一些小组合作项目,让学生共同完成一个作品。

需要补充的是,在课程实施过程中,不仅要凝练主题,更要注重引导学生体会非物质文化遗产的精神内涵。具体可以通过以下方式实现:讲解传承人的故事和心路历程,让学生了解非物质文化遗产对于传承人的重要意义和价值;安排学生与传承人或工艺师交流,做口述史的记录,了解他们对于非物质文化遗产的看法和感受;引导学生思考非物质文化遗产在现代社会的意义和价值,以及如何在当下的语境中保护和传承该项遗产。

第三,研学旅行课程设计者可以关注与研究《中小学综合实践活动课程指导纲要》,并提取整合信息、设计主题。《中小学综合实践活动课程指导纲要》是教育部于2017年9月25日发布的文件,旨在规范和指导中小学综合实践活动课程的实施和管理。该纲要强调综合性和实践性、提倡主题式学习和项目式实践,例如纲要中提出了"主题式学习和项目式实践"的理念。此外,在与学科课程的关联上,也提出了综合实践活动课程与学科课程应相互补充、相互促进,同时也可以通过实践活动加深对学科知识的理解和掌握。在研学旅行课程开展主题设计时,亦可从中得到启发。

《中小学综合实践活动课程指导纲要》中有一项主题是"非遗小传人",而上文提到的非遗类的研学旅行课程就是一个很好的例子。许多研学机构在研究这一主题时,常常关注传统工艺,诚然,这是非遗的一个重要内容和议题。因为传统技艺类非遗更强调体验性,同时亦有物质载体,这给研学课程主题设计带来了便利。但需要注意的是,传统技艺的研学旅行课程主题,并不能单一局限于工艺历史、工艺技术、工艺特色,也不能让学生从始至终单纯"玩"工艺,课程主题应该更多关注传统工艺与人、传统工艺与当下生活的结合,非物质文化遗产需要见人、见物、见生活,所以需要引导学生沉浸式地体验课程活动,研学课程亦如此。因此,以《中小学综合实践活动课程指导纲要》为纲要,深挖文化传统和生活传统,结合教育教学目标,是研学旅行课程主题设计的前期工作。

研学旅行主题设计

研学旅行的跨学科合作:研学旅行不仅是单一学科的学习,也可以融入其他学科的内容,丰富学生的学习体验。

在设计"以探索历史文化,培养人文素养"为主题的研学旅行时,需要结合历史学、文学、哲学、社会学、人类学、管理学、经济学、艺术学、体育学等多学科。比如围绕广东佛山黄飞鸿文化设计研学课程,必然会涉及人物传记、传说,还有民间医药、舞龙舞狮等民俗知识。在丰富的内容基础上,主题设计就有了跨学科的需要。比如武术、舞龙、舞狮,就涉及了强身健体的主题,也关联到健康生活观念的主题。佛山黄飞鸿以及醒狮、洪拳等作为具有很强影响力的代表文化元素,成为优质的文化资源同旅游相结合,打造出更多旅游产品,进一步塑造中国功夫文化的形象,提高文化竞争力,这关联到了文化认同、文化自信的主题。设计这些主题,不是单一学科能完成的,需要设计者具有开阔的视野和扎实的知识功底。

又比如,在设计生态环境保护的研学主题时,可以融入地理、生物、化学等学科知识。假设我们想设计的研学主题是"探索自然奥秘,培养环保意识",可以选择一个自然保护区作为研学地点。在这个主题下,可以设计以下活动:观察动植物、了解生态平衡、制作环保宣传海报等。这些活动旨在让学生通过实践了解自然奥秘,同时培养环保意识。为了确保学生的安全,课程设计者可以提前了解自然保护区的安全规定,并对学生进行必要的安全教育。

第二节　研学旅行课程目标设计

一、目标分类

《中小学综合实践活动课程指导纲要》指出中小学综合实践课程总目标包括价值体认、责任担当、问题解决、创意物化四个方面。2021年7月中共中央办公厅、国务院办公厅印发《关于进一步减轻义务教育阶段学生作业负担和校外培训负担的意见》,明确规定校外培训机构不得占用国家法定节假日和休息日组织学科类培训。"双减"之后,学生的空闲时间增加,但如何充分利用空闲时间,做好知识深化学习,是值得深入的话题。

在这样的背景下,研学旅行课程目标设计与中小学实践活动课程有一定的关联,研学旅行课程目标设计,实际上是考虑学生在研学活动中如何拓展课堂所学知识和内容,获得技能或者提升生活质量。研学旅行课程设计的目标影响到研学旅行课程内容的设计、研学课程的评价等,所以在设计研学课程目标的时候,需要设想研学活动应达到怎样的效果与目的,并且做合理的规划和表达。

设置研学旅行目标,首先要做合理的定位。研学旅行是创新教育形式,以教育为主要目的,而不是以旅游为目的。因此,在设置研学旅行课程目标前,相关部门和机构需要综合把握研学政策、资源、市场等方面,将教育放在首位。其次,需要对应小学、初中、高中不同学段的特点来处理,比如某个中学应根据县情市情建立研学旅行总目标,再根据七、八、九年级分段设立各年级目标。最后,也可以结合不同学科,协同设置目标。

《关于推进中小学生研学旅行的意见》(以下简称《意见》)指出,研学旅行目标始终以立德树人、培养人才为根本,"让广大中小学生在研学旅行中感受祖国大好河山,感受中华传统美德,感受革命光荣历史,感受改革开放伟大成就,增强对坚定'四个自信'的理解与认同;同时学会动手动脑,学会生存生活,学会做人做事,促进身心健康、体魄强健、意志坚强,促进形成正确的世界观、人生观、价值观,培养他们成为德智体美全面发展的社会主义建设者和接班人"。这是整个研学活动的总体目标,是研学课程目标设计、内容开发的指南针。

在《意见》里面,我们可以看到,研学目标贯穿整个研和学的过程,同时其中也强调个人素质和修养方面的目标。综上,我们在设计研学目标时,需要从宏观到微观统筹,覆盖个人、社会、国家的维度。从教育和教学方面来看,研学旅行总目标分为价值认同、实践内化、身心健康、责任担当等方面。

国内也有其他观点如"1+1+N"的研学旅行课程目标体系。其中,第一个"1"指教育目标,即学生爱国主义精神、学生综合素质、学生文明旅游意识;第二个"1"是综合学校、社会、专家等多方面力量,设置研学课程目标;"N"则指的是教学子目标和细分方向,具体目标则如培养学生动脑动手能力、生存生活能力、社会交往能力等,这一目标旨在体系促进学生身心健康、体魄强健、意志坚强,形成正确的世界观、人生观、价值观。

(一)普适性目标

学术界有观点认为,课程目标应该包含普适性目标,而从教学实践上看,普适性目标定义了整个研学课程的发展与实践方向,适用于课程整体。美国教育学家舒伯特认为,课程目标分为普遍性目标、行为性目标、表现性目标和生成性目标。中国的教育思想同样关注普遍性的目标及行为性目标,如教育思想的源头,孔子、孟子为代表的儒家教育思想,重视家国情怀和人文伦理。荀子的教育思想认为学习过程是感性到理性、到行动的过程。墨家重视知识及逻辑思维能力的培养,也重视实用技术并提出"人性素丝论"。道家的教育思想则主张顺其自然,认为顺其自然是好的教育。《大学》提出"格物、致知、诚意、正心,修身、齐家、治国、平天下"的教育宗旨。清朝末年,"中学为体,西学为用";辛亥革命之后,教育界提出"道德教育注重道德教育……更以美感教育完成其道德"为教育宗旨。《关于推进中小学生研学旅行的意见》是对中国传统教育思想的继承与发扬,也是研学课程内容开发和评价的重要导向。

(二)过程性目标

研学旅行课程目标,需要关注的是学生在旅行中的学习过程以及效果。教育学家本杰明·布鲁姆在《教育目标分类学 第一分册》指出,教育目标可以分为知识、领会、分析、综合、评价;在《教育目标分类学 第二分册》又增补了接受、反应、价值判断和组织几个部分。2001年，L·W·安德森和DR·克拉斯沃尔等学者继续完善布鲁姆的课程目标体系，将认知过程修订为记忆、理解、应用、分析、评价和创造六个层次，霍恩斯坦教育目标则划分为认知领域、情感领域、动作技能领域和行为领域。从上述的教育理论来看，教育学理论普遍对行为过程较为关注。教学目标和内容是相辅相成的，研学旅行的课程目标要考虑内容的适配性。以设计广式早茶的研学旅行课程为例，教学目标可以设置为以下几点：第一，了解广式早茶的形式与内容，观察其习俗；第二，参与广式早茶实践，获得感官体验；第三，理解本地民众对广式早茶的情感；第四，理解广式早茶与生活观念、世界观的关系，进而推动文化认同。

（三）体验性目标

研学旅行是直观真切的形式，学生真实地与自然、社会、自我、他人接触，在真实世界中获取知识，发展情感，形成世界观。研学旅行体验性目标，强调宜学宜游，游学结合。研学旅游需要结合学生的实际需求，引导大家走出课堂，到户外领略自然与文化之美，获得生活感知与热情。

以桂林山水研学为例，可以用桂林磨盘山码头到阳朔这一段水路风景作为研学体验的目标。在教学实践过程中，引导学生观察喀斯特地貌以及形成的风景，诸如九马画山等；在兴坪段可以让学生徒步，近距离体验；到阳朔之后，观摩《印象·刘三姐》实景演出并体验非物质文化遗产传统手工艺制作等。学生通过研学，可以掌握课本知识里面的喀斯特地貌，同时现场体会山水云霓的壮美，更能激发学生对故乡、对大好河山的热爱。

（四）鉴赏性目标

相对于上述目标而言，鉴赏性目标目前在研学旅行里谈得不多。鉴赏性目标指的是研学旅行活动中，激发学生审美兴趣，培养热爱生活之心。但目前一些研学旅行产品过于空泛，学生研学之后，对生活的热爱和激情未被激发。因此，我们在开展研学课程目标设计时，需要充分考虑蕴含在生活中的美学因素，尽可能挖掘提升精神要素。例如，广州市非遗研学机构将非遗戏曲类项目粤剧制作成沉浸式产品，通过数字技术和场景模拟，让学生近距离体会到粤剧艺术的魅力。在设计课程目标过程中，设定探索知识发展能力、探求学习戏曲方法的目标，同时也包括培养情感态度、价值观等。学生经过特定的研学环节，逐步培养起对传统艺术的感情和认同，典型如广州红线女艺术中心，保持和中小学高效率的互动，学生从粤剧研学中，看到了传统剧目的创新转化，融入时代审美因素，从而培养了鉴赏能力。

二、目标设计过程

在研学旅行课程目标设计方面，可以参考中小学教育的目标，比如核心素养目标、综合素质目标和劳动教育目标。在核心素养目标方面，重点培养学生具备适应社会、适应终身发展的必备能力和品德。

我国中小学生核心素养即要培育出全面发展的人。因此,目标设计应紧紧围绕人文底蕴、科学精神、学习能力、健康生活、责任担当、实践创新六大要素展开。研学旅行的目标设计要配合中小学学校教育和课堂教育,因此在设计目标时必须充分考虑学生在开展研学旅行之后的综合素质方面的收获。中小学生核心素养,对学生的知识技能,情感态度、价值观有较高的要求,是个人发展的必备素质。学生通过学习,可以培育自己的人文底蕴,发展科学精神,培养学习能力和学习习惯,倡导健康生活习惯,勇于承担责任,大胆实践创新,成为一个全面发展的人。2017年9月,教育部颁发了《中小学综合实践活动课程指导纲要》,提出了实践活动方面的具体总目标,指出学生要从个体生活、社会生活和大自然接触中获得丰富的实践经验。综合实践活动课程目标归纳总结为价值体认、责任担当、问题解决、创意物化等四个方面,研学旅行课程目标可以对照上述几个方面,逐条设计。

2020年7月,教育部印发的《大中小学劳动教育指导纲要(试行)》中明确指出,大中小学生要树立正确的劳动观念,具备必备的劳动能力,培养积极的劳动精神,还要养成良好的劳动习惯和品质,这些要求综合形成了新时代大中小学生的劳动素质要求。而研学旅行在很多时候也和劳动教育有着紧密的联系,在研学旅行目标中加入劳动教育元素,可以让学生丰富技能,提升综合素质。

1. 研学旅行目标设计的要素

在总目标指导之下,研学旅行目标设计应包含但不局限于以下要素:

(1)知识拓展。研学学员通过实地考察参观历史遗址、博物馆等,让学生了解不同地区的文化、生态多样性等方面的知识。

(2)观察能力。引导学员仔细观察相关的环境,学会从不同角度思考问题,提高观察力和分析能力。

(3)创新思维。鼓励学员在研学过程中深度观察、提出问题、解决问题,培养他们的创新意识和批判性思维能力。

(4)团队协作。引导学员通过分组活动、团队游戏和完成任务等方式,培养学员的沟通能力、团队合作精神。

(5)环保意识。通过参与环境调查、环境检测、环保活动等方式,让学员了解环境的多样性以及环境保护的重要性,培养他们的环保意识。

(6)跨文化交际。通过深度参与、观察,了解不同文化内容和思维结构,提高学员的跨文化交际能力。同时增进友谊,拓宽人际交往。

(7)独立生活能力。引导学员在研学旅行课程实践中观察和理解生活,与队友相互鼓励和帮助,探索如何面对生活,如何解决生活中的实际问题。培养学员独立生活的意识,锻炼学员独立生活的能力。

2. 研学旅行课程目标设计的步骤

在研学旅行课程目标设计的过程中,可以参考以下步骤。

(1)调研和初步确立课程目标的内容。一般来说,研学旅行课程开发者需要提前调研,预测、了解和逐步熟悉涉及的相关领域。在此基础之上,思考知识、教育、技能、思政方面的发展,确保课程目标有可能实现。

(2)目标与需求分析。通过实地调查、问卷调查和田野调查的方法,深入中小学生、家长及学校等研学旅行主体之中,访谈与交流,深刻理解这些群体的具体需求。这有助于拟定研学旅行课程目标及相应的教学内容。

(3)制定相应的课程目标。研学旅行课程开发者根据前期工作,撰写调研报告,分析市场和研学旅行课程参与主体的需求,结合实际的教育教学情况和教学资源,制定相应的课程目标。课程目标需切合个人、社会发展的需求。

3. 制定课程计划

根据课程目标,制定详细的课程计划,包括课程的时间、地点、内容、教学方法等,可以综合学生的实际情况和教学资源等因素来制定计划。

三、目标表达与管理

研学旅行课程目标的表达可以根据上述目标分类来设计,但在陈述目标的时候,需要结合研学过程中学员的知识、技能、经历、反应、领悟、创造等方面来综合考虑。国内学术界对研学目标的表达与管理作了探索,具体可以分为目标领域、目标水平、行为动词、途径方法四个板块。研学旅行目标如表2-1所示。

表2-1 研学旅行目标

目标领域	目标水平	行为动词	途径方法
知识和技能	了解	说出、背诵、辨认、回忆、选出、举例、列举、复述、描述、识别、再认	讲授,展示
	理解	解释、说明、阐明、比较、分类、归纳、概述、概括、判断、区别、转换、猜测、预测、收集、整理	专题讲座,深入阐释
	应用	应用、使用、质疑、设计、解决、撰写、拟定、检验、总结、推广、证明、评价	动手操作,团队合作
	创新	类比、批判、反思、提出、发现、创造、创作、创新、论证	记录日志,归纳总结
	模仿	模拟、重复、再现、模仿、例证、临摹、扩展、缩写	观察记录
	独立操作	完成、表现、制定、解决、拟定、安装、绘制、测量、尝试、试验	独立学习

续表

目标领域	目标水平	行为动词	途径方法
知识和技能	迁移	联系转换、灵活运用、举一反三、触类旁通	转述,运用于其他领域
经历和反应	感受、认同	经历、感受、参加、参与、尝试、寻找、讨论、交流、合作、分享、考察、接触、体验、遵守、拒绝、认可、认同、承认、接受、同意、反对、愿意、欣赏、称赞、喜欢、关注、重视、尊重、爱护、拥护	亲自参加活动,边体验边思考
	领悟、升华	形成、养成、具有、热爱、树立、建立、坚持、保持、确立、追求。	同理共情

(资料来源:李岑虎.研学旅行课程设计.北京:旅游教育出版社,2021;罗祖兵.研学旅行课程设计.北京:中国人民大学出版社,2022.)

在目标的实施阶段,研学导师和研学学员需要对目标进行管理,在这一阶段,研学导师的作用是引导学员理解研学的目标,而不是放任不管。在开营仪式之后可以通过分组讨论或集体讲授的方式,陈述目标,同时将目标细化。在这一过程中,导师需要进一步引导学员进行自我管理,帮助学员理解自我管理的重要性以及实施的步骤方法。

在研学旅行过程中,研学导师执行活动时应充分考虑研学目标如何融入活动过程。通过上述表格,研学导师需要把每一个具体的目标落实到活动的环节里面。研学旅行课程目标实施之后需要认真总结,研学课程设计者、研学导师需要找出本次课程目标设计的合理之处以及需要完善和提高的地方。最后,研学导师应与课程设计者、研学学员一起进行评估考核,并且给予及时的反馈。

第三节 研学旅行课程主题与目标设计实例

本节内容主要基于近两年笔者实践所得,研学活动设计学段设定在11—12岁,小学五至六年级。设计者通过对非物质文化遗产代表端午节的解读与运用,建立研学旅行学员的知识体系、审美观念和价值观念。研学课程实例如表2-2所示。

表2-2 研学课程实例

研学主题		东方青木,端午民俗
研学目标		1.让学生了解端午节历史 2.理解端午节的禁忌、习俗及与日常生活的关系
研学内容	知识准备	端午节来源与民间传说 端午节与民间仪式
	课题研究	端午节习俗与审美
	研学拓展	加强学生对天时物候的理解;历史与文化结合

续表

	活动内容	资料背景	课本链接	能力拓展
活动设计	活动步骤一	开营仪式　破冰活动 端午舞蹈表演:三人或者多人舞蹈《千里江山图》(5分钟左右) 讲解员简要介绍舞蹈主题和《千里江山图》的文化内涵。介绍端午研学主题、活动流程、注意事项	屈原《九歌》	沟通能力
	活动步骤二	端午民俗沙龙:学习"端午色彩和民俗"主题讲座,了解端午节的艺术表达《龙舟竞渡图》等	田汉《白蛇传》	审美能力 视觉鉴赏能力
	活动步骤三	体验端午习俗之饮食习俗:五毒饼。五毒饼是端午节特有的节令食品。向学生讲解:什么是五毒?每年初夏时节正是毒物滋生活跃的时候,因此古人会食用"五毒饼"祝愿消病强身,祈求健康。体验端午茶饮及艺术,理解阴阳调和。普及端午节禁忌和仪式 端午小戏剧(《白蛇传》)学员模拟角色扮演		语言组织能力 表达能力
	活动步骤四	复原端午仪式场景:端午龙舟仪式的场景拼贴画手工制作		团队合作能力

在上述案例中,研学旅行内容包含如下几个目标。

第一,体验性目标。学生通过端午小型戏剧表演、端午民俗场景手工制作等环节,亲身体验了与端午相关的民间艺术形态。根据中小学生课外阅读的实际需求,学生了解到田汉先生的《白蛇传》(京剧)是端午节应节戏之一,也是经典剧目。学生通过角色扮演和舞台表达,接触了课外知识,如京剧的文字、结构、意境等。学生通过端午节祭龙舟仪式场景的复原和手工制作,学习到了端午节的文化,以及日常生活中的习俗。

第二,过程性目标。在端午节研学活动中,以绿色为主题引入,从早上的开营仪式,到吃端午餐、表演端午戏剧、做端午手工,完整的端午生活习俗呈现过程使学生的认知领域、情感领域、动作技能领域和行为领域均得到有效的训练和开拓。

第三,普及性目标。从端午研学旅行案例中,我们可以看到,活动围绕着中国传统四大节日展开,通过研学沙龙、手工艺实践等活动,从端午节的起源,到节日仪式,以及后面的戏剧情景模拟,学员通过亲身体会端午文化活动,加深对我国传统文化深层结构的认知。

非遗研学——体验不一样的非遗文化魅力

北京门头沟结合地区非物质文化遗产特色、山水人文资源,推出了琉璃古韵·非遗寻迹研学之旅、山音乡韵·非遗寻芳研学之旅和谷村山韵·非遗寻幽研学之旅三条非遗精品研学线路。路线串联了琉璃渠古村落、皇家琉璃艺术馆(琉璃厂商宅院)、金隅琉璃文创园、宝顺宅院、京西古道景区、京西古道博物馆、韭园民俗旅游村、东马各庄民俗旅游村、马致远故居等。

在研学过程中,学员通过参观京西古道风景区、民俗博物馆、马帮文化体会到了元曲小令《天净沙·秋思》"枯藤老树昏鸦,小桥流水人家,古道西风瘦马,夕阳西下,断肠人在天涯"的意境。

(资料来源:门头沟区论坛 三条非遗研学路线邀您打卡~寻迹、寻芳、寻幽,来门头沟体验不一样的非遗文化魅力 https://mp.weixin.qq.com/s?__biz=MjM5ODE0NDk3OQ==&mid=2651159975&idx=3&sn=9c3eacfc089a7dc20700fe0f106e99e7&chksm=bd3ee31b8a496a0da0fcd6407003ae00327fd69466edcf626dfc3a5e1b4122579141cc573eee&scene=27,有删改。)

研学课程不是浮光掠影,而是需要沉浸其中深度体验。在传统文化创新性转化和创造性传承的背景下,学员通过体验式学习,可以更加深入地了解历史和文化,提升语文课文的审美体验,从而更好地认识和把握文学创作的本质和规律。这也是文化"双创"的具体落实。

课后自测

本章小结

研学旅行课程开发的第一步是课程主题与目标设计,这是基础工作。研学旅行课程主题是指一次完整的研学旅行课程活动中,其主旨、核心的内涵,是学员考察、研究和体验的中心议题。主题设计要基于立德树人的根本要求。研学旅行的目标,是研学旅行课程所需要达到的要求和效果,具有普适性、过程性、鉴赏性、体验性等特点。研学课程主题、目标的设计,需要做好前期调研、市场和主体需求分析等工作。在实践中,研学旅行课程主题和目标相辅相成,主题是方向和特色,体现研学课程的内涵;目标则指导研学课程有效开展。二者相互配合,保障研学课程具有可行性。

课后作业

1. 《中小学综合实践活动课程指导纲要》和研学旅行课程目标设计的关系是什么？

2. 结合章节案例或身边事例，思考研学旅行课程主题设计的过程需要注意的问题。

设计研学旅行课程目标，需要结合桂林山水文化的特点，制定具体、可行的目标，并考虑如何通过实践、体验和探究的方式，让学生更好地了解和感受桂林山水的独特魅力。以下是目标设计实操。

(1) 调研和初步确立桂林山水文化研学旅行课程目标的内容。

研学旅行课程开发者需要提前调研，结合桂林建设世界级旅游城市的背景，及文化旅游深度融合的实践开展工作。在此基础之上，课程设计者需要思考课程知识、教育、技能、思政方面的目标，如何让学员在"游中有学"，深度学习桂林山水的地形地貌、土壤植被、历史文化等内容，扩展课堂所学知识。

(2) 目标与需求分析。

通过实地调查、问卷调查和田野调查的方法，深入桂林市中小学生、家长及学校等研学旅行主体之中，访谈与交流，深刻理解其作为桂林山水文化主体的具体想法。这有助于拟定研学旅行课程目标及相应的教学内容。随后在全国各地选取调研地点和样本，研究广西区外的研学旅行市场需求，了解他们的具体想法和需求。两相对照，梳理思路，针对性地划定课程目标的范围。

(3) 制定相关的课程目标。

研学旅行课程开发者根据前期工作，撰写调研报告，分析桂林山水文化研学旅行市场发展的最新动向，结合所在地区的教育教学情况和需求，制定相应的课程目标。课程目标需切合个人、社会发展的需求。

第三章
研学旅行课程内容设计

本章概要

研学旅行课程内容设计是重要的环节。主要是从研学旅行课程内容设计的逻辑起点,设计的内容出发,介绍研学旅行课程内容的选择方法和操作步骤。

学习目标

知识目标:
1. 了解研学旅行课程内容的要素结构;
2. 掌握研学旅行课程内容设计的步骤。

能力目标:
1. 归纳整理能力;
2. 分析整合能力。

素质目标:
1. 培养学生掌握基础知识,提升对科学科技、传统文化的自信;
2. 培养学生根据家乡历史、经济、社会、文化的实际情况设置研学课程内容的能力,培养文化自信。

思政目标:
1. 通过研学课程内容开发的学习,培养学生发现身边的美学要素、热爱祖国大好河山的精神;
2. 通过研学课程内容开发的学习,培养学生服务社会、服务人民的精神。

研学旅行课程内容的构成;研学旅行课程内容设计的基本步骤。

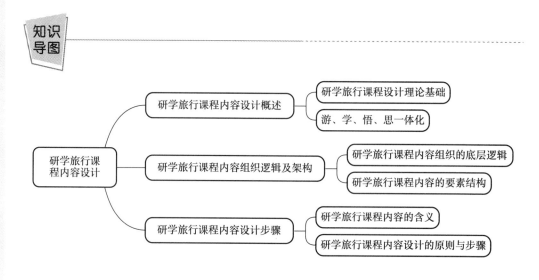

导入案例

茶艺研学——广西六堡茶

广西黑茶——六堡茶制作技艺是非物质文化遗产代表作,融汇了广西梧州民众生活习俗和审美观念。对于广西黑茶研学课程,研学课程开发可以在前期准备时,可以考虑以下课程内容:

1. 广西黑茶的历史与文化,比如介绍广西黑茶的起源、发展历程、文化内涵等,以及海上丝绸之路的茶叶贸易。

2. 广西黑茶的品种与特点:介绍广西黑茶的主要品种、特点、产区等,让学生了解不同品种的特点和差异。

3. 广西黑茶的加工与制作:让学生了解广西黑茶的加工和制作过程,包括采摘、晒青、杀青、揉捻、发酵等环节,让学生了解黑茶独特的制作工艺。

4. 广西黑茶的品鉴与冲泡:介绍广西黑茶的品鉴和冲泡技巧,包括干茶、汤色、香气、滋味等方面的品鉴,以及冲泡技巧和注意事项等。

为了适应研学旅行的发展,不少景区、企业结合传统文化的创造性转化和创新性传承,设计了与茶文化相关的研学课程。比如广西大明山茶园开发了茶叶种植、采摘等为一体的研学课程;广西顺景茶学院针对小学高年级学段学生开发了相应的研学课程"争做中华小茶人",该课程认为少儿茶艺是一种将礼仪与礼节、礼貌融于一体的艺术活动,可以将中小学生的学习内容与实际生活相结合,构建和丰富中小学生精神世界,让中小学生在日常生活中认识、感受、欣赏茶文化的美的同时,锻炼出坚强、自信、优雅的性格与品德,滋养心灵。在此基础上,茶艺活动还能激发中小学生对中国优秀传统文化的认同感,树立文化自信。

第一节　研学旅行课程内容设计概述

研学旅行课程内容设计是在研学旅行课程总目标、研学旅行课程策划的基础之上,对研学旅行目的地的自然、人文、社会资源等全面统筹评估之后的实践。研学旅行课程内容设计,是整个研学活动的基础性,它可以为研学导师、研学学员提供操作指导。研学旅行课程内容可以分为历史类、人文类、自然类、科技类等,大部分内容涉及到观光体验等活动,这些研学活动是按照人的认知和实践顺序来组织的。研学旅行课程内容也可以根据《关于推进中小学生研学旅行的意见》,分为自然类、历史类、地理类、人文类、科技类、体验类。在具体操作层面,学生来到研学营地之后,会针对上述类型开展活动,研学服务机构根据意见设计研学目的、研学路径及相关活动。

目前研学市场发展迅猛,各类研学机构争先推出研学课程,以适应不断发展的市场需求,但不少研学产品存在针对性差、层次浅的问题。有的研学课程遵循"讲课—听课"的被动接受思路,未能激发学生的学习兴趣;有的研学旅行项目仅仅是简单的观光游或亲子游的翻版,产品结构单一,研学线路、体验内容和形式差别很小。因此,如何设计切合实际的研学旅行课程是当务之急。

一、研学旅行课程设计理论基础

研学旅行课程内容设计,首先要基于一定的教育理论。教育理论是重要的参考,研学旅行的特点是鼓励学生走出户外体验生活,鼓励创新和拓展知识。陶行知结合中国近代实际情况,指出"生活即教育"。这是一种教育现象学的观点,他指出了教育要适应生活的变化,生活教育是终身教育,同时也指出了社会生活的重要性,强调社会实践和教育实践的"知行合一"。从某种程度上来讲,重视生活实践和生活经验,是研学旅行课程内容开发的前提。

基于生活经验的研究和判断,美国教育学者泰勒《课程与教学的基本原理》一书中提出,可以把课程设计分为四个步骤,明确课程目标、合理选择课程内容、规范课程实施、合理的课程评价,一个完整的课程编制过程应该包括上述四项活动。课程目标指向为什么学,预期学习结果是什么;课程内容指向学习什么,达到怎样的要求;课程实施指向学习活动如何开展,学生怎样更好地学会;课程评价指向学到了何种程度,学生是否达成课程目标。在上述关系中最基础的就是课程内容的设计,它决定了研学导师和研学学员的实践走向。

二、游、学、悟、思一体化

根据课程设计步骤原理,研学旅行课程内容设计也可以对应设计为游、学、悟、思四个步骤。其中"游"指的是让学生尽可能到课堂之外,到户外去拓展新知识,体验生活节律。"学"是"游"的重要补充,二者相辅相成,学生在游中学,是生活学习的新方式。"悟"和"思"则是强调研学旅行过程,强调思辨性和创新性。

由上述可见,在课程开发过程中,需要注意思考两点:在课程开发过程中,需要充分挖掘当地自然资源、人文资源等,结合学科知识和教学需求,设计出具有地方特色的研学课程。例如,可以利用当地的自然景观、古建筑、非物质文化遗产等资源,开展实地考察、探究等活动。与此同时,需要考虑这些资源与我们教育教学有什么具体的联系。研学旅行课程是"教育+"导向,在设计课程的时候,需要考虑研学资源如何深度结合课本知识点,拓展和深化学校课堂上的知识,补充知识点或课外知识,从学生学习认知、感受出发,落实研学旅行课程内容设计。

游、学、悟、思一体化,才能培养学生的综合素养。比如我们常说的地方认同感,研学旅行课程通过让学生了解当地的历史文化、风土人情等,增强学生对当地文化的认知和认同,从而更好地融入当地的生活和文化。研学旅行课程如何才能更好地结合地方文化元素,以非物质文化遗产代表作广东佛山木版年画制作技艺为例。

设计广东佛山木版年画的研学旅行课程,首先需要进行思考:课程内容是否只需要展示传统工艺的艺术特征,课程形式是否仅为学员参观、体验。这显然是不够的,课程设计可以通过学习木版年画的知识,激起学生对木版年画的兴趣和关心,引导学生对木版年画进行探索和求知;也可以通过近距离欣赏木版年画作品,提高学生的艺术修养,增强学生对国家传统文化的认同感和自豪感。学生在这些环节中,能探知到地方文化历史和丰富的人文信息。比如木版年画作品《五谷丰登》,表现了一种民间信俗,体现人们心中的美好愿景,希望来年能够财源滚滚、六畜兴旺,同时传承了精神文化。佛山木版年画以其独特的制作工艺、色彩运用和形象塑造体现了一代又一代岭南人对美好生活的追求,人们将心中的美好愿景融入佛山木版年画之中,成为重要的精神文化之一。

如果研学内容仅局限于佛山木版年画选纸、起稿、雕版、印刷四大步骤的观摩和体验,则无法达到研学的目标。2017年,国务院办公厅转发文化部等多部门共同制定的《中国传统工艺振兴计划的通知》,文件指出:"振兴传统工艺,有助于传承与发展中华优秀传统文化,涵养文化生态,丰富文化资源,增强文化自信。"在做这一研学案例时,我们可以深入思考,如何结合游、学、悟、思,将传统工艺的精神元素融入课程之中。

第二节 研学旅行课程内容组织逻辑及架构

2017年9月教育部发布《中小学综合实践活动课程指导纲要》(以下统称《纲要》),明确了课程性质,目标内容,选择和组织原则,提出考察探究、社会服务、设计制作、职业体验是综合实践活动是的主要活动方式。《纲要》是研学旅行的参考指标,研学旅行具有综合实践活动课程的特征,有丰富的情境和体验路径,因此,在设计研学旅行课程的时候需要遵循一定的内容组织逻辑和架构。

一、研学旅行课程内容组织的底层逻辑

（一）日常生活

《义务教育道德与法制课程标准(2022年版)》提出道德与法律课程,"以成长中的我"为原点,将学生不断扩大的生活与交往范围作为建构课程的基础;遵循学生身心发展和健康成长的规律,按照大中小学德育一体化思路,课程学习和建设可以从我与生活、自然、社会、国家等层面出发。

从政策层面看,《关于推进中小学生研学旅行的意见》提出:"学校根据学段特点和地域特色,逐步建立起小学阶段以乡土乡情为主、初中阶段以县情市情为主、高中阶段以省情国情为主的研学旅行活动课程体系。"从生活层面看,研学旅行课程出发点是从日常生活出发,提升体验感。我们中小学生包括大学生首先接触的是家庭、家乡、学校及周围的社会生活环境。

家庭是学生的生活生长环境,是日常生活中最重要的成长环境,学生的人生观、价值观、世界观在家庭中逐步培养形成。研学旅课程内容开发需要开发设计者深入一线生活实际,调查研究目前中小学生的生活和学习现状,了解他们所处的环境特点。家庭及乡土社会是研学旅行开发需要考虑的首要因素之一。基于中国传统的家族观念,宗族制度及乡土社会等特征,"乡土乡情""县情市情"等并非简单的行政划分,更多的是农耕文化和城镇化的相互关系。研学旅行需要关注城乡协调发展背景下的市场需求,而不是简单地复制其他研学旅行课程的内容。

（二）心理及接受能力

中小学生参加的研学旅行课程,必须适配学生年龄段的心理特点和学习能力。研学营地或研学项目的课程内容必须针对不同年龄段的学生进行设计。就研学课程内容的掌握程度而言,体验、感知、理解、感悟、创造和探究,需搭配合理,以对应不同阶段

的研学学生。如传统戏曲研学,以昆曲为主题,对小学生来说是"了解"层次,学生通过研学活动初步认识昆曲;对初中生而言是体验;对高中生而言就是理解和感悟。设计昆曲《牡丹亭》的研学课程时,小学生以初步的听觉训练、注意力训练为主要目标;初中生则需要通过折子戏观看体验和进行戏剧模拟,初步理解中国戏曲的剧目、音乐和舞台表达艺术;高中生则需要通过研学中的校园模拟戏剧、角色扮演等活动来感悟昆曲之声腔、音乐之美,以及其中所蕴含的美学精神,从而补充课本知识体系,实现"研"和"游"的协同发展。

二、研学旅行课程内容的要素结构

(一)道德要素

实现立德树人的目标。研学课程需要在思想道德的基础上深入挖掘,让学生在研学活动结束之后获得个人思想道德、情感态度等方面的启发和提高。如参加名人故居研学,可以通过沉浸式体验,感悟时代风华,促进思想道德的提升;参与农事活动等劳动实践研学,可以全面提升学生的劳动素养,着力培养学生的勤俭、奉献的精神。

体验劳动之美——贵港市中小学开展劳动教育活动

平南县大新镇第三初级中学根据实际情况,制定"以基地为载体,感恩教育为主线,创立特色学校"的办学思想,把学科讲课活动向基地延伸,合理利用基地资源开发校本课程,为综合实践活动课程开拓新的讲堂,为德育教育夯实基础。劳动实践基地种植有苦麦菜、空心菜、番茄等时令蔬菜,同学们拎着水壶、拿出锄头、耙子,在老师的帮助指引下除草、收割、施肥,忙得不亦乐乎。据悉,每个班级在劳动实践基地所种的菜采摘后,由同学们统一卖给学校食堂,食堂按照市场的价格收购,该笔收入将作为班会费交由班集体开支。

港北区郁林路小学利用下午课后服务时间,组织学校烹饪社团五年级学生开展"双减"劳动实践活动,让学生参与洗菜、切菜、剁肉、调料、包云吞、包饺子,收拾桌面、折叠围裙等系列劳动,使学生学会基本的生活技能,锻炼动手实践能力,丰富课外知识,培养学生热爱劳动的精神,养成独立、自主、自强的精神。学生通过品尝自己制作的美食,也收获了成功的喜悦,增强了自信心。

(资料来源:广西贵港市教育局 体验劳动之美——贵港市中小学开展劳动教育 http://jyj.gxgg.gov.cn/jydt/t11943737.shtml,有删改。)

在上述案例中,有的学校将农事体验作为思政教育的素材,引导大家通过农事活动和小型经营实践,感受生活的基本面貌,感恩家庭,感恩生活;有的学校利用课后服务时间,让学生参与劳动实践,在烹饪的过程中,除了掌握基本的烹饪过程和技术之外,更重要的是提高学生的参与感,通过动手体验逐步培养独立生活的能力和自主自强的精神。

（二）认知要素

研学旅行课程开发要充分考虑学生的认知能力,课程需要知行合一。如7—9年级茶艺研学旅行课程,学生可以通过课程内容实践,获得茶文化的知识和相关类型的茶叶冲泡技艺;4—6年级茶艺课程,学生可以通过茶文化的讲授,获得礼仪方面的知识。

（三）体育与健康的要素

学生通过研学旅行课程的学习,可以获得与健康、医学及体育等方面的相关精神及知识。如学生参加咏春拳研学旅行,可以塑造锻炼身体、增强体质的观念,从而落实到日常生活中,形成习惯。

比如广东省佛山市黄飞鸿纪念馆、叶问堂和佛山鸿胜纪念馆,这些纪念馆配有陈列馆、演武天井、影视厅等基础设施,不仅详细记载描述了黄飞鸿等武侠人物的非凡人生,还展示出了上千件与这些武侠人物有关的珍贵文物。研学学员在纪念馆内不仅可以回顾黄飞鸿等武侠人物丰富多彩的一生,也可以通过参与式体验,感受功夫文化魅力。在研学过程中,学员通过调动视觉、听觉、触觉等感官,感受武术的益处,培养强身健体的健康生活观念。

（四）美学要素

美学要素可以扩展小学生课堂学习中的鉴赏与评价能力。通过研学旅行,从课程内容中挖掘、组织和总结相关的美学要素,能提升学生的审美能力。审美能力是人的重要能力,也是生活中必不可少的一环。学生的审美能力,需要立足于日常生活的实践,从一花一草,一字一句中寻找美的韵律,滋养精神生活。

例如目前在中小学生群体中比较流行的古诗词研学活动,不少学校组织中小学生在刘禹锡公园和李商隐公园开展以"踏访诗人足迹,传承先贤文明"为主题的研学活动,通过赛诗会等沉浸式的体验活动,增强学生的阅读兴趣,提高审美能力。有的地方通过扩展古诗词的学习情境,让学生通过多样化的体验实践,完成诗词拓展,比如铭驼研学设计了一条集历史、人文、地理、军事于一体的研学线路,让学生站在阳关的故土上感受王维的"劝君更尽一杯酒,西出阳关无故人";徒步一段路程去感受"昔我往矣,杨柳依依。今我来思,雨雪霏霏"的戍边之苦;通过华夏礼仪小课堂,感受"泱泱华夏,礼仪之邦"的大国风范。这些案例基本上遵循化熟为生的策划理念,通过制造场景化、差异化的体验,营造学生的审美空间,从而达到研学活动目标。

（五）劳动要素

劳动教育和研学旅行课程有一定的差别之处，也有一定的联系。劳动教育的内涵是进行劳动观念、劳动态度、劳动习惯、劳动能力等的教育，贯彻落实中共中央、国务院《关于全面加强新时代大中小学劳动教育的意见》和教育部《大中小学劳动教育指导纲要（试行）》等文件精神。党的二十大报告中指出劳动教育能使学生理解和形成正确的劳动观，树立劳动最光荣、劳动最崇高、劳动最伟大、劳动最美丽的观念，培养勤俭、奋斗、创新、奉献的劳动精神。

研学旅行课程则强调研究、学习的途径，通过"游"来理解劳动，掌握劳动技能，培养劳动精神。在校园学习劳动课程之余，研学旅行课程开发需要补充和深化劳动课程的内容。教育部发布《义务教育劳动课程标准（2022年版）》，从2022年秋季学期起，多种劳动技能将纳入课程。新的劳动课程标准针对的是一段时间以来教育"重学习、轻劳动；重成绩、轻动手"的问题。培养学生正确的劳动价值观、良好的劳动习惯和品质，比如设计科学营养的一日三餐，养成健康饮食和自动动手的生活习惯；又比如体验播种插秧等劳动，体会天时物候对日常生活的影响，进一步认识农民在这一过程中的付出，从而养成爱惜粮食的习惯。

第三节　研学旅行课程内容设计步骤

研学课程内容设计步骤需要遵循研学课程目标，使二者匹配一致。研学旅行课程内容设计需要以全面落实立德树人根本任务为宗旨，教育部及国家发改委印发《关于推进中小学生研学旅行的意见》（2016年），《意见》指出中小学生通过研学课程"感受祖国大好河山，感受中华传统美德，感受革命光荣历史，感受改革开放伟大成就，增强对坚定'四个自信'的理解和认同，同时学会动手、学会生存生活、学会做人做事。促进形成正确的世界观、人生观、价值观，培养他们成为德智体全面发展的社会主义建设者和接班人。"研学课程开发者需要围绕这一总目标设置课程内容。

研学旅行课程内容，是根据《关于推进中小学生研学旅行的意见》和各学段的学情特点，有目的地从人类实践经验中选择出相应的知识元素，并依据一定的教学逻辑组织编排而成的知识体系，它是研学旅行课程的核心部分。研学课程内容设计者需要参考不同学段学生的身心发展特点，熟悉不同学段和科目的学科内容和认知规律，认真研究传统文化、红色教育、国情教育、国防科工、自然生态、劳动教育等知识类型及相关资源，设计出相应的研学旅行课程内容体系。

一、研学旅行课程内容的含义

研学旅行课程的内容，可以分为几个层次：第一是国家层面，国家层面《关于推进中小学生研学旅行的意见》将研学旅行的课程内容做了分类,这是根据研学旅行的实际情况和实际需求决定的,具有全局性指导意义;第二是研学营地的层面,它指的是学生到达研学营地之后参加的各种活动或者项目总称;第三是研学中介层面,研学课程内容包括了研学旅行路线、研学旅行目的地以及研学旅行活动。

二、研学旅行课程内容设计的原则与步骤

(一)研学旅行课程内容设计的原则

第一,实践性原则。研学旅行课程内容,需要发挥学生的动手操作和身体感知能力,加强实践性,引导学生走出课堂、走出家庭,体验日常生活中不一样的场景,而不是坐而论道、闭门造车。在研学旅行过程中,充分激发学生主动性和创造性,引导学生投入生活。

第二,可行性原则。研学旅行课程内容开发,必须因地制宜,根据研学旅行地的自然、人文、社会环境来综合考量进而设计课程内容。在设计内容过程中,要充分调研,探寻地方知识体系和当地民众的生活观念,将课程和地方发展相结合。

第三,多元性原则。研学课程内容,首先要满足不同学段学员的需求。即便是同一个研学主题,也需要针对不同的学段做设计。例如做劳动研学内容,同样是设计食谱,初中生需要研究的内容就和小学生有较大的差别,小学生更关注的是食谱的形式及体验,初中生可以延伸到食材的合理性及美学意义。这样可以避免内容的不确定性,以及研学旅行之后评价的单一性。

第四,情感性原则。研学旅行课程内容设计需要顾及学生的性格和情感特点,在课程开发过程中,课程内容设计者需要有较好的人文素养及人文关怀,从课程目标设置到研学实践的开展,整个流程需要打磨细节,关注学生在活动中的情感变化。课程内容的设置,需要引导学生从情感上认同,在思想上形成价值观。

(二)研学旅行课程内容设计的阶段

第一,明确课程目标。研学课程具有体系化的特征,研学旅行课程的内容设计应该整合地方自然、历史、社会、文化等资源,课程设计者将这些分散的资源统筹兼顾,围绕一定的目标,将其组织起来避免零散素材的拼凑。

第二,确定研学旅行课程体例。研学旅行课程的设计应该按照不同年龄段的特点,根据现有条件去组织研学内容的框架。在设计内容的时候,需要充分考虑学生的心理特点以及接受能力,同时关注研学课程资源的类型,自然、文化、科技、劳动技能,注意内容的层次性和递进性。

第三,确定研学旅行课程内容板块和线路。确定目标之后,需要梳理研学资源的类型和特点,挖掘它的内部逻辑,考察并结合文献数据分析,了解每一类资源的现状特点,力争把握研学课程内容资源的整体性面貌,根据研究的需要和可行性,选择可行性

大,有德育价值、科普价值、审美价值、劳动价值的课程资源。内容的梳理和优化分配到各个学段的研学课程体系之中。一些条件较好的研学营地,则需要在原有的课程体系基础上,对现有的活动场所、基础设施、教学资源等进行优化和深度开发,对课程知识进行针对性的选择和升级。

（三）研学旅行课程内容设计步骤详解

第一,学情分析与市场分析。研学旅行课程开发者需要充分了解研学属地及相关研学基地、研学营地、景区景点的具体信息,做完整详细的调研报告;针对学生的需求和知识匹配程度,讨论、寻找研学需求点。可以通过访谈法、问卷法、民族志法等来寻找这些基本的信息。

以合山市工业研学旅行课程内容设计步骤为例。

2021年广西发布十大红色游学精品线路,其中"八桂建设成就之旅"的线路六包含合山市虎鹰工业景区、国家矿山公园,体现合山在特色工业工程方面的成就。依托国家矿山公园东矿景区、合山电厂等资源,合山与来宾走天下旅行社合作开发的研学课程《探秘八桂'光热城'研学我国能源结构》,荣获广西"十佳文博研学课程"之一。2019年以来,合山以国家矿山公园为主体,深度挖掘合山市煤矿工业历史文化,与中小学校、旅行社合作开展研学旅行活动,提升城市文化影响力,促进当地工业旅游发展。

第二,研学旅行资源评估。做完上述学情分析之后,研学课程设计者需要根据自己的知识积累,实践经验,工作技巧等,在研学旅行领域寻找与研学课程相关的课程目标主题和内容,将其快速汇总成研学资源信息库。以下为操作案例。

合山煤矿的开发,始于二十世纪初。合山已经有百年的煤矿开采历史,并在工业发展中留存了丰富多样的矿业遗迹。合山拥有丰富的煤炭工业遗迹,底蕴深厚的工业历史文化和壮族特色的民俗文化,这些都生动地诠释了合山及广西工业发展历史,即在合岭山开挖广西第一口煤矿井口至被列入全国第二批资源枯竭城市。合山市内有广西最早、最大的煤矿区,广西第一家煤矿企业以及横贯全市范围的广西第一条窄轨铁路,煤楼、矿区、旧式火车、特色民居等矿业遗留生产遗址、活动遗迹保存完好且十分丰富。2010年,经过国土资源部批准正式成立了合山国家矿山公园,这是广西第一个国家矿山公园。

借鉴旅游开发的方法,首先整理和评估合山旅游资源单体,看看哪些适合做成研学资源,哪些不适合。根据《旅游资源分类、调查与评价》(GB/T18972—2003)标准,我们对合山市工业旅游资源进行总体评价,以对比分析各类型资源特色,挖掘研学旅游资源潜力。根据《旅游资源调查、分类与评价》(GB/T18972—2003)的分类标准,通过资源单体整合,合山矿业遗迹旅游资源分为4主类6亚类9个基本类型22个主要资源单体。详见表3-1。

表3-1 合山市矿业遗迹旅游资源分类

主类	亚类	基本类型	单体
A 地文景观	AB 沉积与构造	ABF 矿点矿脉与矿石聚集地	合山煤层、大理石矿
E 遗址遗迹	EB 社会经济文化活动遗址遗迹	EBD 废弃生产地	合山一井、合山二井、老合山矿场遗迹、里兰矿场遗址、东矿遗址
		EBE 交通遗迹	28号铁轨、合山火车站、运煤铁路旧址、溯河码头旧址
F 建筑与设施	FA 综合人文旅游地	FAD 园林游	合山国家矿山公园、合山公园
		FAF 建设工程与生产地	百年煤都、合山石村矿场、合山坑口火电厂
		FAK 景物观赏点	十里花廊、合山电厂夜景
	FB 单体活动场馆	FBC 展示演示场馆	矿山遗迹博物馆
	FD 居住地与社区	FDC 特色社区	合山矿务局旧址、东矿职工宿舍、广西煤炭学校旧址、里兰矿工住宅区
H 人文活动	HD 现代节庆	HDA 旅游节	广西(合山)工业旅游节

从表3-1可以看出,围绕着"煤"的主题,合山煤层、大理石矿、合山国家矿山公园、合山公园等适合做成地理知识的深度研学旅行课程内容;老合山矿场遗迹、里兰矿场遗址、东矿遗址、百年煤都、矿山遗迹博物馆等适合做成地理、历史交叉学科类型的研学旅行课程内容,从煤炭入手,探索煤在当地的演化发展及重要作用。在其他方面,"广西(合山)工业旅游节"可以作为短期体验的研学旅行产品。

第三,整合资源,提炼特色产品。在课程内容设计中,我们可以通过对社会文化的解读,打造研学体验新场景,丰富研学课程内容体系。

广西合山工业文化内涵深厚独特,合山市有着一百多年的采矿历史,遗留有矿工生产生活形成的文化景观和历史遗迹,如里兰矿场遗址、东矿遗址、合山矿务局,窄轨铁路、旧式火车、特色民居等生产生活遗址。此外,以各个矿区为中心,周边还保留有功能完整的居民社区,完好地保存了独具魅力的煤矿企业人文风情风貌。合山留存的矿业遗迹丰富完整,具有深厚的历史文化内涵,是宝贵独特的工业旅游资源,集中体现了合山当地及广西矿业发展的历史进程,记录了合山矿业发展的艰难曲折,包含着合山人民博大的智慧思想和顽强奋斗的精神，具有显著的地域特色和深厚的文化底蕴。新中国成立初期，广西及合山政府积极组织恢复合山煤矿的开发生产，新建了柳花岭矿、溯河矿，又加大开挖东矿、里兰矿资源，建设了合山矿场职工医院、水泥厂、职工学校等配套设施单位，来自全国各地的干部、工人也汇聚到合山，矿区人口逐渐增多，人文特色显著集中。利用矿区里留存的具有时代背景的特色民居，重新拾起合山煤矿辉煌时代的记忆，打造"记忆之城"工业旅游项目，唤醒合山人对往日时光的美好记忆。

合山市壮族人口占全市人口的60%以上，壮族文化遗产十分丰富，壮族文化特色突出。其中，龙王壮族传统婚嫁习俗、合山壮师剧、龙王武术等非物质文化遗产已有多年历史，是较为完整、系统的传统习俗，是伴随壮族人民在长期的劳动生产生活中创造的产物，是壮族文化传统的活化石，体现了当地壮族文化在不断包容过程中的演化历程。婚嫁习俗、壮族师公剧等具有浓郁的民族特色，社会作用随着社会发展而变化，其初始功能已逐渐淡化，更多地转变为娱乐活动，反映时代的变迁。合山市六龙村文化历史悠久，婚嫁习俗及龙王武术都是六龙村龙王屯产生发展的非遗文化，是合山市有名的民族民俗文化村，已连续几年举办民族民俗文化艺术节。合山市重点推进龙王屯文化繁荣发展，并利用每年的"三月三"节庆开展壮族婚嫁习俗、壮师剧等壮文化原生态展演，充分体现合山浓厚的文化底蕴，并且与工业旅游相互促进交融发展。2015年广西首届工业旅游节在有着悠久工业历史的合山市举行，借助东矿矿山、原老火车站旧址、28号铁轨等工业遗迹，围绕国家矿山公园、铁路骑行等工业特色，结合合山民俗文化特色，进行"壮族婚嫁习俗"和"壮师剧"等非遗项目展演。2019年在合山国家矿山公园东矿区内举办了广西工业研学旅游活动月暨合山赏石文化旅游节，活动结合研学、非遗展演、精品赏石等内容开展。工业研学旅游活动的成功举办展示合山市工业旅游特色及民俗风貌特色，体现合山煤矿工业历史文化特色，展现合山城市转型升级发展的新面貌，打响工业旅游品牌知名度，促进了合山旅游业和研学新发展。

（资料来源：兰姿妮 甘政《合山市工业研学旅行内容挖掘与发展现状》。）

第四，因地制宜，创新设计研学旅行课程。在这个部分中，研学课程设计者主要是根据现有的资源做统筹和规划，运用学科交叉等方法，拓宽研学课程的范围，加深课程内容阐释深度。

《探秘八桂'光热城'研学我国能源结构》研学课程共有中缅油气管道跨江段、合山市红水河公园、合山国家矿山公园东矿园区三个研学点，主要以合山国家矿山公园为研学重点。学生通过参观生产遗址和矿山设备遗迹展示馆等了解和掌握地壳运动与地质构造、岩层特性及煤炭等矿物关系的基本地理知识，以及煤的形成、开采、运输及合山市煤炭枯竭过程；了解合山煤矿的地质构造特征及其煤层所属的地质年代，提高学生的学科素养，辅助学科学习；感受当年合山煤矿工人克服种种困难，艰辛的创业精神，提高保护生态环境、建设美好家园的责任感，进一步激发爱家乡爱祖国的情感。

在上述的案例资料中,虽然广西合山市以煤炭资源为主,但目前合山市煤炭资源逐步枯竭,因此我们在设计研学产品时,需要思考如何和把"煤"的历史演变过程融入地理地质知识之中。这样就可以建立学员对自然和人文两大部分的认知,逐步引导学员理解合山有如此丰富的煤矿资源的原因,了解保护环保和资源的重要性,学习先辈的艰苦创业精神。

中小学生走进冬奥场馆　研学活动传承冬奥精神

张家口市开展以奥运文化、冰雪文化等为主题的研学活动。在主题研学活动中,中小学生走进国家冬季两项中心、国家跳台滑雪中心,在"新时代、新风尚、新少年"冬奥文化研学活动中聆听冬奥故事,学习越野滑雪,领略冠军风采,传承奥运精神,共享体育魅力。研学课程课程设置紧密结合奥运文化,利用奥运场馆实地体验越野滑雪等奥运项目的魅力;同时,学员们在现场近距离地观摩了国家冬季两项集训队的滑行技巧,这是张家口冬奥文化研学的特有亮点。

"在这里我们沉浸式学习了中国奥运史,看到了冬奥场馆'雪如意'大跳台,非常震撼,我要学习中国体育人拼搏向上的奋斗精神,争做新时代好少年。"在冬奥文化研学活动现场,张家口市第七中学学生说。参加研学的少年们跟随讲解员,了解奥林匹克运动历经千帆的发展史,现场观看到了中国冬季两项国家队训练的精彩表现,一个个壮观的冬奥场馆、一件件生动的冬奥物件、一张张感人的冠军照片,让孩子们感受到了奥林匹克精神的力量。

（资料来源:中国日报网:中小学生走进冬奥场馆 研学活动传承冬奥精神 https://baijiahao.baidu.com/s?id=17831534488789936276&wfr=spider&for=pc,有删改。）

冬奥会给我们带来了宝贵的物质和精神财富。通过中小学生喜闻乐见、亲切可感的学习和理解方式,参观、深度体验冬奥场馆和倾听冬奥故事,学员可以从冬奥会中学习以人民为中心的理念,从而培养爱国主义精神。

 本章小结

研学旅行课程设计需要遵循游、学、悟、思一体化的思路,按照中小学生认识和实践的规律打造课程内容。研学旅行课程开发要充分考虑学生的接受能力,注重课程内容的层次性,体现实践性、可行性、多元性、情感性等特点。在这一过程

课后自测

中,研学旅行课程设计者需要调研与分析学情与市场,评估自然、科技、文化、历史等资源类别,创新设计研学旅行课程内容。

课后作业

1. 请阐述研学旅行课程内容设计步骤。
2. 请大家以下阅读案例,分析研学旅行课程内容设计的特点是什么,思考下述案例中研学旅行资源有哪些,哪些适合开发成研学旅行课程,课程要素之间如何结合。

以下案例来自广西横州市茉莉花及相关产业的实践资源。

横州市茉莉花产量占全国的80%,全世界的60%以上。茉莉花的花期一般是4月底到10月底,粉苞茉莉的花期是10月底一直到来年3月。茉莉花的特性及文化、生态环境,以及相关产业业态,具有极高的研学课程开发的可能性。

横州市大力发展茉莉花产业,不断优化"茉莉花+花茶、盆栽、食品、旅游、用品、餐饮、药用、体育、康养'1+9'"产业集群。"横县茉莉花"和"横县茉莉花茶"先后获批国家地理标志保护产品,"横县茉莉花茶"获批国家地理标志证明商标,获评中国优秀茶叶区域公用品牌、中国美食节茶饮品金奖,成为"中—欧100+100"地理标志互认互保产品。2023年横州茉莉花(茶)综合品牌价值达222.15亿元,连续五年蝉联广西最具价值的农产品品牌。横州市积极创建国家现代农业产业园重点项目,与此同时,横州市不少企业结合市场的需求,开发出茉莉精油、香皂、香包、面膜、护手霜、花糕、月饼、奶茶等具有本地特色的产品。

在旅游市场开发方面,横州市运用市场对横州旅游产业的发展有着积极的意义。第五届世界茉莉花大会暨第十三届全国茉莉花茶交易博览会、2023年横州茉莉花文化节举办前夕,横州市开展2023年"媒体花乡行"活动,走进享有"中国茉莉之乡"美誉的横州市,实地探访中华茉莉园、茉莉极萃园等地,了解横州市茉莉花产业发展情况,见证发展中的"高质、高效、高科技"。

在研学旅行方面,当地将民族特色村寨和中华茉莉园民族团结"同心文化"主题园、横州市博物馆、民族文化场馆串联在一起,打造兼具茉莉花产业特色及民族特色的研学路线,组织全市青少年群体体验具有壮乡特色的壮族山歌对唱,制作壮乡美食等民俗文化。

(资料来源:南宁日报 茉莉花香飘四方 产业强市添动力 https://www.sohu.com/a/489793624_120077001。)

第四章
研学旅行课程教学组织

本章概要

本章主要阐述研学旅行课程中教学组织的基本要求、研学旅行课程的教学模式和教学方法,共三小节内容。总结概括了研学旅行课程中教学需要注意的问题,以及运用的教学手段。让学生知道研学旅行课程中教学组织的重要性,并了解研学旅行教学与其他课堂教学的不同。

学习目标

知识目标:
1. 掌握研学旅行课程教学组织的基本要求;
2. 了解运用在研学旅行课程中的教学模式;
3. 知悉研学旅行课程中的教学方法。

能力目标:
1. 能够针对不同的研学旅行课程资源选择合适的教学模式;
2. 能够为不同种类的研学旅行课程资源选择适合的教学方法。

素养目标:
1. 培养学生的团队合作意识和团队合作能力;
2. 培养学生独立思考、求真务实、能够将理论联系实际的能力。

章节要点

研学旅行课程教学组织的基本要求;研学旅行课程的教学模式;研学旅行课程的教学方法;研学旅行课程教学方法的应用等。

知识导图

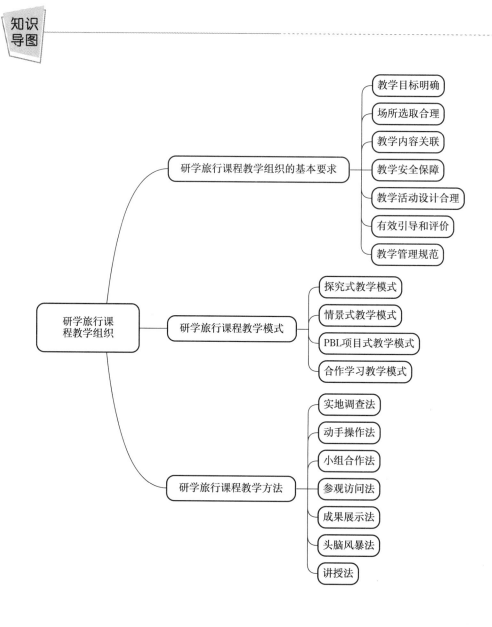

第一节　研学旅行课程教学组织的基本要求

研学旅行是一种以实地考察、探究和体验为主要形式,能够促进学生综合素质发展的教育活动。研学旅行课程作为一种有效的教学形式,是学生在实地进行观察、体验和研究过程中增强学习兴趣和拓展学科知识的重要方式和手段。要确保研学旅行课程的教学效果,需要进行合理的组织和管理。研学旅行课程在进行教学组织时,有以下基本要求。

一、教学目标明确

在研学旅行课程教学设计时,明确课程的教学目标,使设定的教学目标与学校的教学目标、教学大纲和学科标准相契合。教学目标的明确可以使学生在研学行程中有明确的方向和目标,从而更好地进行学习和实践。在制定教学目标时,应考虑学生的年级、能力水平和兴趣等因素,并特别关注学生的探究能力、实践能力和批判思维能力的培养。教学目标可以包括但不限于培养学生的创新思维、团队合作能力或者跨学科能力等。例如,如果是地理学的研学旅行课程,目标可以是让学生通过实地考察,了解自然地理和人文地理的关系,并培养他们的观察和分析能力。

二、场所选取合理

选择适合研学旅行课程教学的场所是确保研学旅行课程教学效果的关键。所选择的场所应具备丰富的资源和独特的环境,能够为学生提供可进行探究活动的条件,例如科研机构、博物馆、自然保护区、历史遗址等。同时,场所的选择还应考虑到交通的便利性和教学过程的安全性,应该选择与课程内容相关的场所,以便学生能够进行亲身体验和实践。例如,在生物学相关研学旅行课程中,可以选择植物园或者自然保护区作为教学场所,让学生近距离观察和研究动植物,增强学生的观察能力。

三、教学内容关联

研学旅行课程的教学内容要与学生的学科知识紧密相关,能够帮助学生加深对学科知识的理解和应用。首先,在研学旅行课程教学过程中要将研学旅行的内容与教材内容有机结合,使之与课堂教学相辅相成,使学生能够在实践中深入理解和应用所学的知识。例如,在历史学相关的研学旅行课程中,可以通过参观历史遗迹和博物馆,让学生了解和探索古代文明的发展。其次,研学旅行课程教学内容应该与学生校内学习的课程内容相关联,在教学过程中可以通过场所提供的资源和实践活动进行互动和延伸。例如,学生在校内学习了某个历史时期的内容,则可以在研学旅行课程教学中安排参观相关的历史遗址的主题活动,将理论知识与实践经验相结合。同时,可结合学生学习需求,确定适合学生的研学主题,提前做好教学准备,为学生提供必要的背景知识和相关概念。

四、教学安全保障

研学旅行过程中的安全是研学旅行课程教学组织的重点。要确保研学旅行的安全性和监管,制定有效的安全措施和应急预案,保障学生的人身安全。在规划和组织研学旅行课程时,应该确保学生的身体和心理安全,制定详细全面的安全措施,包括事前的安全检查、制定应急预案、提供学生个人和团体保险、安排专业的研学导师等。在出行前对学生进行必要的安全教育，并提前了解相关场所的安全规定和应急预案。

五、教学活动设计合理

研学旅行课程教学设计要合理，需要提前进行充分的调研和准备，充分考虑学生的特点和能力水平，根据学生的年龄特点和学科特点，确定教学内容与活动的顺序以及时间安排，合理安排教学内容和活动形式，确保学生在研学旅行课程教学中能够系统地学习和体验。通过设计富有挑战性和探究性的活动，激发学生的学习兴趣和学习动机，鼓励学生主动参与调研、讨论、实践，培养他们的实践能力和探究精神。

六、有效引导和评价

教学组织过程中提供有效的引导和支持，可以帮助学生充分利用研学旅行的机会，挖掘潜力、发挥才能。研学过程中，充分发挥研学导师、领队和学校教师在研学旅行活动中的引导作用，通过提问、讨论、实践活动等方式引导学生深入思考和探索，帮助学生深入学习和理解所研究的内容。建立合理完整的评价体系，对学生的参与和表现进行及时的评价和反馈，记录学生的表现和成果。研学结束后，对学生整个研学过程和学习成果进行评价，给予反馈和指导，促进学生的成长和发展。

七、教学管理规范

规范的教学管理是课程教学效果的重要保证。建立科学规范的教学管理制度，包括学生行为、团队管理、资金管理等内容，确保研学旅行的有序进行。其一，制定明确的学生行为规范和管理制度，确保学生的纪律和秩序，以保障课程的顺利进行。其二，学校做好时间、人员和资源的管理，确保研学旅行课程的管理体系完善，教师的教学质量监控和督导到位。此外，可以借助学校和相关机构间的合作，制定并执行符合教育法规和政策的管理措施，确保研学旅行教学活动的顺利实施。

第二节　研学旅行课程教学模式

在研学旅行课程具体的实施过程中，研学导师需要了解和掌握研学旅行课程各种教学模式的基本步骤与方法，根据研学旅行课程内容、研学对象等因素选择合适的教学模式，确保研学旅行课程质量，实现研学旅行课程育人的最终目标。以下是几种研学旅行课程中常用的教学模式。

一、探究式教学模式

（一）内涵

探究式教学模式,又称"做中学"、发现法、研究法,是指学生在学习概念和原理时,教师只提供一些事例和问题,让学生自己通过阅读、观察、实验、思考、讨论、总结等途径去主动探究,自主发现并掌握相应的原理和结论的一种方法。其指导思想是在教师的指导下,以学生为主体,让学生自觉地、主动地探索,掌握认识和解决问题的方法和步骤,研究客观事物的属性,发现事物发展的起因和事物内部的联系,从中找出规律、形成概念,建立自己的认知模型和学习方法架构。

（二）应用

探究式的一般操作流程是:确定研学课题;收集有关资料;提出设想和理论假设;验证假设;研讨、小结。在具体实施过程中,应注意以下几点。

1. 提出问题

探究式教学模式的载体是问题,其教学活动是围绕问题展开的。探究式教学模式的出发点是设定需要解答的问题,因此要求研学旅行导师根据研学目标和内容,精心考量,提出难度适度、逻辑合理,能够激发学生兴趣和探究欲望的问题。

2. 创设开放课堂

发掘学生自主探究潜能,在富有开放性的问题情境中进行实验探究,是探究式教学模式的关键步骤。研学旅行导师首先要指导学生拟定合理的研究计划,选择恰当的方法。同时,提供一定的实验条件或必要的资料,由学生自己动手去实验或者查阅,来寻求问题的答案,提出某些假设。在该过程中,研学导师起到一个组织者的角色,指导、规范学生的探索过程。探索过程可以由单个学生独立完成,也可以由学习小组完成,注意培养学生主动寻求合作的团队精神。经过探究过程,学生把实验过程或者查阅的资料进行总结梳理,得出探究的结论和解释。

3. 训练主动学习的能力

在探究式教学模式的实施过程中,明确研学导师和学生的作用。研学导师是引导者,基本任务是启发诱导;学生是探究者,其主要任务是通过探究,发现问题、解决问题。因此,必须正确处理研学导师的"引"和学生的"探"之间的关系,做到既不放任自流,让学生漫无边际去探究,也不能过多干预,影响学生的独立思考。

植物的秘密　永恒的记忆

2022年12月16日，百东第一小学四至六年级353名师生来到百色市大王岭研学基地开展主题为"植物的秘密 永恒的记忆"的自然生态研学活动。在研学导师的带领下，同学们参观了植物主题展馆，认识了大王岭的植物及动物。一进展馆，各式各样植物和动物映入眼帘，瞬间吸引同学们驻足观赏。他们在研学导师讲解下，认识了兰科植物，一边认真聆听，一边做好笔记，了解兰科的历史、品种、生长条件等知识。同学们利用收集到的植物制作手工皂，用艾草制作艾馍，在制作过程中收获了劳动成果。研学活动不仅能看到、听到，还能亲身参与进来，扩大孩子的知识面和眼界，做到寓教于乐。

自然教育是生命教育的重要组成部分，是研学旅行课程的重要内容之一。自然教育类研学课程可应用探究式教学模式，研学导师引导学生们在触摸、聆听、感受大自然的过程中，产生敬畏自然、尊重自然、顺应自然、保护自然的意识。大王岭植物种类繁多，导师带领学生们到森林中探秘自然，观察植物的种类、寻找昆虫的踪迹，去探究不同种类昆虫的基本特征、生活习性、器官构成等，直观地感受昆虫的神奇，让生物的多样性、生命的神奇性激发学生们对自然万物的热爱，树立环保意识。

二、情景式教学模式

（一）内涵

情景式教学模式是指在教学过程中，教师有目的地引入或创设具有一定情绪色彩的、以形象为主体的生动具体的场景，用来引起学生一定的态度体验，从而帮助学生理解教材，并使学生的心理机能得到发展的教学模式。该教学模式的核心在于激发学生的情感，诸如运用榜样、语言描绘、课内游戏、角色扮演、诗歌朗诵、绘画、体操、音乐欣赏、旅游观光等活动，都是寓教学内容于具体形象的情境之中，其中存在着潜移默化的暗示作用。情景式教学模式需要研学导师根据研学主题、研学目标的需要，创设一定的情景，引导学生去探究，在探究中发现问题并解决问题。在具体实施过程中，利用创设的情景进行研学,更容易调动学生参与研学,激发他们研学的积极性、主动性,使他们更易理解和接受研学的内容,在此过程中亦能充分挖掘学生的创新意识和能力。

(二)应用

情景式教学模式的一般操作流程为:确定研学目标;创设研学情景;学生自主学习;小组合作;评价反馈;从具体情景到一般情景。在具体实施过程中,应注意以下几点。

1. 创设事实情境,激发学生学习动机

所谓创设事实情境,就是教师以教学目标、教学内容以及学生的认知水平等为依据,以激发学生学习动机为目的,选择多种形式的创设引起学生积极情绪反应的形象整体。教师可通过在研学旅行教学中穿插历史事件科普、组织游戏、运用多媒体等方式,丰富并拓展课程本身内容,改变平面化说教,无形中使学生身临其境,在具体的情境中感受、感悟并思考。这种采用适当方式创设具体学习情境的做法与以往传统的灌输式教学相比,更能激发学生学习的兴趣和主动性。

2. 创设问题情境,启发学生思考探索

所谓创设问题情境,是指教师针对具体的事实情境设计一系列具有层次性、思考性的问题,活跃学生思维,激发学生的求知欲,从而营造一种强烈的课堂讨论与求知氛围。在研学旅行课程的情景式教学模式的实践开展中,教师首先要熟悉教材中所涉及情境的主要内容,对其进行分类。根据不同类型知识的特点选择不同的问题情境,设计有梯度、有价值的问题,启发学生思考。问题的设计一定要符合学生的年龄特点、心理状况、思维特点、知识水平和生活经验、能力及思想情感等。

3. 创设探究情境,培养学生解决问题的能力

所谓创设探究情境,是指教师在创设问题情境的基础上为学生创设独立思考、谈论交流、多变互动、集体探究的学习环境。同时,教师要抓住时机,依据情境中所提供的各种线索,引导学生多角度、多方位地对情境内容进行分析、比较、综合、抽象概括并找到有效解决问题的方法。教师提出与社会实际密切联系、有思考价值的发散性问题,目的在于通过讨论的方式,促进学生之间的交流与合作,以培养学生的交往能力和团队精神,使学生在教师的引导下,敢于质疑,勇于表达,分享探求知识过程中的喜悦和快乐,在探究的氛围中关注社会,做到理论联系实际,提高自己解决问题的能力。

三、PBL项目式教学模式

(一)内涵

PBL(Project Based Learning,项目式学习)项目式教学模式是指通过项目的形式进

行教学,在教师的指导下,将一个相对独立的项目交由学生自己处理,信息的收集、方案的设计、项目的实施及最终评价都由学生自己负责,学生通过该项目了解并把握整个过程及每一个环节中的基本要求。在研学旅行课程PBL项目式教学模式的具体实施中,一般以小组为学习单位,主张先练后讲,先学后教,强调学生的自主学习,主动参与,让学生从尝试入手,从练习开始,调动学生学习的积极性、主动性、创造性等,让学生成为"主角",教师转为"配角",实现教师与学生角色的换位,有利于加强对学生自学能力、创新能力的培养。

(二)应用

PBL项目式教学模式的一般操作流程为:明确项目主题,确定项目任务,包括设计思路和选题分析;项目教学准备阶段包括分组、组建学习小组、选举组长、小组建设、做好激励评价设计,同时也需辅以现代媒介技术、教学媒体等。在具体实施过程中,应注意以下几点。

1. 问题的引入

在研学旅行课程PBL项目式教学模式的具体开展过程中,问题的引入是非常关键的一步。教师需要选择一个具有挑战性和启发性的问题,并将其引入给学生。问题应该与学生的实际生活和学习经验相关,能够激发学生的兴趣和思考。

2. 问题探究和讨论

学生在了解问题后,开始进行问题的探究和讨论。他们可以通过阅读相关文献、进行实地考察等方式,收集和整理相关信息。在这个过程中,教师要扮演指导者的角色,帮助学生提出合理的问题,并引导他们进行深入的思考和讨论。

3. 目标制定和学习计划

在问题探究和讨论的基础上,学生需要制定学习目标和学习计划。他们需要明确自己需要学习的知识和技能,并制定相应的学习计划。教师可以提供一些指导和建议,帮助学生制定具体可行的学习目标和计划。

4. 自主学习和合作学习

在PBL项目式教学模式中,学生是自主学习的主体,他们可以通过各种途径获取知识和信息。同时,学生也需要进行合作学习,与同学们一起分享和讨论自己的学习成果,相互学习和帮助。教师在这一过程中要充当指导者和监督者的角色,及时给予学生反馈和指导。

5. 解决问题和展示成果

学生在自主学习和合作学习的基础上,开始解决问题并展示自己的成果。解决问题的过程中,学生需要运用所学的知识和技能,提出解决方案,并进行实践和验证。在展示成果的过程中,学生可以使用多种形式,如口头报告、书面报告、展览、演示等,向他人展示自己的学习成果。

6. 评价和反思

在问题解决和成果展示之后,教师需要对学生的学习过程和成果进行评价和反思。评价可以包括对学生解决问题的能力、合作学习的能力以及展示成果的质量进行评价。同时,学生也要对自己的学习过程进行反思,总结经验教训,思考如何改进自己的学习方法和策略。

学桂林剪纸　研壮乡文化

桂林剪纸是中国民间剪纸的重要组成部分,被列入第八批自治区级非物质文化遗产代表性项目名录,具有丰富的教育价值和文化内涵。桂林旅游学院研发的《学桂林剪纸 研壮乡文化》研学旅行课程是依托全国本科高校的第一所旅游博物馆——广西旅游博物馆,以桂林剪纸为切入点,探究八桂壮乡多彩的民族文化,感受多元共生的民族文化之美。研学旅行课程中,采用PBL项目式教学模式,学生们带着问题深入广西旅游博物馆调研、收集资料,各小组分工合作收集相关的民族文化元素,提取具有代表性的图案,在老师的引导下进行创新创作,创作富有民族特点的剪纸作品等文创产品,为桂林剪纸的传承发展提出建议。

通过此次研学实践教育活动,初中学生们走进高校,了解民族传统文化,参与剪纸艺术,健康快乐成长。

(资料来源:桂林旅游学院 桂林市中山中学八年级到我校开展研学实践教育活动 https://www.gltu.edu.cn/xykx/content_80754,有删改。)

桂林剪纸作为非物质文化遗产,为学生们打开了一扇了解广西少数民族文化的窗。通过PBL项目式教学模式,学生们不仅掌握了剪纸的基本知识和技艺,而且在项目的开展完成过程中埋下了文化自信的种子,加深了对民族非遗文化的认识和理解,激发了对家乡的热爱和责任感。

四、合作学习教学模式

（一）内涵

合作学习教学模式是以合作方式进行的学习，区别于个人的独立学习，合作学习教学模式需要教师设计分配学习任务、调控教学进程，同学之间合作探讨，在集体互动中进行学习的目标导向活动。

（二）应用

美国学者巴克利（Elizabeth Barkley）等人编写的《合作学习技巧：给本科生老师的手册（第2版）》在美国大学教师中享有盛誉，是美国许多大学教师发展中心采用的主要参考书。本书关于合作学习式的知识观点论述主要基于这本书。

合作学习教学模式的特点是：提出方法为问题服务，教师根据教学中的问题选用不同方法，包括讨论、学生互教、问题解决、游戏等。

1. 讨论

讨论是使用最广泛的一类合作学习方法，可用于各种课程。讨论法有三个要点：

（1）学会表达。教师应要求学生在发言前做好准备，如准备发言提纲、发言卡，帮助学生养成系统思考、完整表达的习惯。学生的发言要言之有据、言之有理，能准确完整地表达自己的思想。学会表达对学生构建认知框架大有裨益。

（2）学会倾听。比学会表达更重要的是学会倾听，学习在倾听时系统完整地掌握发言者的观点、论据和论证过程，同时能进行批判性思考，为此应要求学生养成记笔记的习惯。倾听中的最常见问题是不能系统完整地复述发言者观点，导致不能很好地理解发言者的思想。

（3）学会总结和复述。复述指重复他人的观点和思路，总结是提纲挈领地表达他人的观点。在讨论中首先要复述他人观点，然后再有针对性地提出自己的见解，这样才能形成有效讨论。

教师在研学旅行教学活动中通过设计讨论学习，帮助学生学会表达、学会倾听、学会复述和总结，学生既可以发现自己的认知框架问题，也可以吸收他人框架的优点，从而实现改进、改善和提高自己学习能力的目的。

2. 学生互教

学生互教是合作学习的一类重要方法。学习有三重境界：会说、会做、会教。会教是最高境界。学生互教既可以是两个同学之间互教互学，也可以是两组学生就某一问题展开交流、讨论和补充，以完善对学习内容的理解。学生互教可以实现"教学相长"，通过互教互学，培养学生独立学习和相互帮助的能力。

3. 问题解决

与讨论和互教互学类方法相比,问题解决类合作学习方法的基本特点是把学生组成团队,共同完成一个学习任务,在任务设计和组织上更加复杂,需要学生之间有较好的合作技能。因此,在研学旅行教学活动开展问题解决类合作学习教学时,教师要确保学生有必要的合作能力和社会技能,这是保证此类教学模式成功的必要条件。

4. 游戏

教师可在教学活动过程中组织开展各式各样的游戏,以达成合作学习的教学目的与效果,例如团队寻宝、团队答题赛、团队游戏锦标赛等。通过设计团队游戏,提高教学活动的整体趣味性,"竞技"始终贯穿于游戏类的合作学习教学模式的整个过程,这不仅有利于培养学生的集体荣誉、团队意识,还可以树立学生公平正义的理念,引导他们学会遵守规则。

第三节　研学旅行课程教学方法

采用合理的教学方法是研学旅行课程实施的关键,指导教师需要根据研学旅行课程资源的类型、教学目的、教学目标以及学生的实际情况,采用合理的教学方法,才能顺利推进研学旅行课程的实施,达到研学旅行课程的教学目的。

一、实地调查法

(一)内涵

实地调查法是一种通过实地考察搜集有关社会问题或现象的资料,并运用科学的统计方法进行分析研究,弄清问题,提出调查结论和建议的研究方法。在研学旅程课程中,实地调查法是指在没有理论假设的基础上,学生直接参与到研学课程中并搜集资料,依靠自身的理解,从课程资源中得到体验,形成感性认识。

(二)应用

1. 设立合适的调查任务

在研学旅行课程的实施中,作为教师,首先要根据研学旅行课程目标和学生的年级,设计合适的实地调查任务。任务的设计要能激发学生的兴趣和好奇心,同时与研学旅行课程紧密相关。例如可以安排学生调查当地的历史文化遗迹、自然生态环境等。

2. 做好前期准备工作

在组织学生实地调查之前,教师需要进行充分的准备工作。包括选择实地调查的地方,联系相关机构,了解实地环境和安全情况等。同时,准备好所需的教学材料、调查表、记录表等。

3. 引导学生进行观察和记录

在实地调查中,教师需要引导学生进行观察和记录。在研学旅行课程开始之前,告知学生一些观察的重点和目标,让他们在实地中积极寻找相关信息。同时,教师可以提供一些观察和记录的工具,如照相机、笔记本等,让学生记录自己所观察到的事物。

4. 促进学生的互动和合作

一个人所观察到的东西是有限的,群众的力量是广大的。在实地调查中,教师可以安排学生分成小组进行调查,让学生之间相互合作,并鼓励学生之间相互分享观察结果,相互交流归纳总结。

5. 引导学生分析和总结

在实地调查后,教师需要引导学生对所观察的事物,所收集到的数据,所了解到的知识等进行分析和总结。可以通过小组讨论、写作、小组展示等形式,让学生分享他们的心得和体会。

二、动手操作法

(一)内涵

动手操作法是一种以学生实际动手操作和实践为主要方式的教学方法。学生通过亲自动手完成任务,能够更好地理解和应用所学知识。在研学旅行课程中,动手操作法是指在教师的指导下,通过一系列探索性活动来获取认知、探究问题的方法。动手操作是一种直观动作的思考,通过学生的感官参与,手脑结合,激发学生的学习兴趣,提高他们的参与度和实践能力。

(二)应用

1. 准备实践道具

在研学旅行课程开始之前,教师应当准备好一系列与课程相关的材料工具、实验设备等,例如勘测工具、模型等,并且教师要在课程中引导学生进行实际操作,通过实际操作,学生可以直观地感受到研学旅行课程资源中所蕴含的科学原理、民俗文化等,从而更好地理解和记忆相关知识。

2. 合理引导

教师可以利用动手操作来激发学生的学习兴趣。例如在进行操作之前,引导学生提出问题或作出假设,让他们自己设计实验或操作步骤,并记录观察结果。这样,学生不仅能够参与到实际操作中,还可以通过分析实验结果来验证自己的假设,培养科学思维和解决问题的能力。

3. 培养创新思维

动手操作法也可以帮助激发学生的创新思维。在研学旅行课程中,教师可以引导学生进行创新性的实践活动,鼓励他们尝试新的方法和解决方案。通过动手实践和尝试,学生可以培养创新思维和能力,提升解决问题的创造性和灵活性。

三、小组合作法

(一)内涵

小组合作法是一种以小组为基本单位的教学方法。它通过将学生划分成小组,让他们共同参与问题的解决、讨论和合作,从而促进学生之间的互动和合作。在研学旅行课程中,小组合作法强调学生之间的交流,培养学生的合作意识和团队精神,增强学生的学习效果。

(二)应用

1. 合理分组

作为教师,要根据研学旅行课程的内容,学生数量和学生自身能力水平,将学生分成若干个小组。在课堂上,引导学生在小组内进行讨论、合作和解决问题。例如设计一些小组活动,让学生在团队合作中互相学习、互相帮助、互相补充。

2. 适当引导

小组合作法可以帮助激发学生的学习兴趣。通过小组合作,学生可以更好地理解和应用所学知识,对学习内容产生更深入的理解和兴趣。同时,小组合作可以降低对教师单一讲课的依赖,教师可以通过辅助来引导学生,让学生更自由地探索、尝试和探究,培养他们主动学习的能力。此外,教师要注意设计好小组活动的目标和过程。在设计小组活动时,需要结合研学旅行课程和学生实际情况,确保课程活动目标明确、可操作,研学过程有挑战性、趣味性和吸引力。同时,还要做好小组成员之间关系的管理与协调,确保每个学生都有充足的参与和贡献。

四、参观访问法

（一）内涵

参观访问法是一种实践性很强的教学方法，在研学旅行课程中，参观访问法是指通过有计划、有组织地安排学生到景区、博物馆、科技馆等单位场所参观访问，让学生得到启发，学习或巩固知识的教学方法。

（二）应用

1. 选择参观访问的地点

作为教师可以根据研学旅行课程内容和实际情况，选择相关领域的教育机构或行业企业进行参观访问。例如，组织学生参观科技馆、博物馆、科研院、生产加工线等。

2. 适时引导学生

在参观访问过程中，教师应该带领学生更好地注意细节和关注重点，同时适当地引导学生提出问题，促进对于学习内容的理解和认知。学生可以仔细观察和体验相关设施、展品、实验仪器或展示实物，并向参观现场的专业人士进行提问和交流，充分了解从而探索课程相关知识。

3. 做好安全管理工作

为了提高参观访问的效果，教师要积极做好学生的安全和管理工作。在参观访问时，教师应该向学生详细说明参观访问的目的和安全事项，并做好学生的安全教育工作和突发情况预案。

五、成果展示法

（一）内涵

成果展示法是一种通过学生的成果展示来评估和展示他们在研学旅行课程中所学知识和技能的方法。它可以激发学生的主观能动性，培养他们的创造力和表达能力，同时也可以让学生通过成果展示来巩固他们所学内容。

（二）应用

1. 预留成果展示的时间和空间

在设计研学旅行课程时，教师要留出一定的时间和空间，让学生进行成果展示。成果展示的形式多种多样，可以是小组或个人展示，也可以是口头演讲、手抄报、报告、作品等形式。教师可以提前明确评估的标准和方式,让学生了解自己需要展示什么,以便学生更加有目的地参与到研学旅行课程中。

2. 指导学生的成果展示

教师可以通过课堂或小组合作等方式,引导学生选择适合自己的展示形式,并进行相关的指导和支持。例如,教师可以指导学生如何设计展板,如何进行口头演讲,如何撰写报告,或者如何使用多媒体来呈现成果,这些指导可以帮助学生更好地组织和展示他们的学习成果。另一方面,学生在进行成果展示时,教师可以鼓励学生展示他们的创造力和思考。例如,引导学生展示解决问题的方法和思路,阐述他们在研学旅行课程中的思考和发现。通过鼓励学生进行深入的思考和表达,可以帮助他们更好地巩固所学知识,并提升他们的表达能力和批判性思维能力。

3. 给予适当的反馈和评价

教师要对学生展示的成果给予适当的反馈和评价。提供积极的反馈和鼓励可以激励学生继续努力,同时也可以帮助学生根据反馈和评价及时改进。此外,教师还应该鼓励学生对其他同学的成果展示给予评价或建议,促进同学之间的合作和互动。

六、头脑风暴法

(一)内涵

在研学旅行课程中应用头脑风暴法,可以帮助学生迅速产生大量的想法和创意,并且提高研学旅行课程中的互动性,还能帮助学生集思广益,共同解决问题,探究研学旅行课程中的知识。

(二)应用

1. 安排头脑风暴活动

作为教师,可以在研学旅行课程中运用头脑风暴法,来鼓励学生展开创造性思维和探究学习。可以在研学旅行课程中安排一些头脑风暴活动,或者设置头脑风暴小组,让学生利用集体思维和创意,一起解决一些问题或提出创新性的想法。

2. 提供头脑风暴成果展示的机会

头脑风暴法可以激发学生的表达和交流能力。在头脑风暴中,学生可以根据研学旅行课程资源,尽情地提出各种想法和创意,鼓励他们进行思维的交流和碰撞。教师应为学生提供成果展示的机会,让他们能够表达出自己的想法,同时帮助其他学生寻找更好的表达方式来表达自我。

七、讲授法

（一）内涵

在研学旅行课程中运用讲授法，可以帮助学生快速了解掌握课程知识，了解所需的基本概念和理论，为接下来的研学旅行课程学习奠定基础。在研学旅行课程中，讲授法可以有效地介绍相关领域、研学旅行课程资源等的基本概念和背景，以便学生更好地进行探索。

（二）应用

1. 有针对性地设计讲授内容

教师可以根据研学旅行课程的特点、研学旅行课程资源以及学生的需求，有针对性地设计讲授内容。可以选择分节讲述，按照不同的知识点组织内容，或者利用案例分析、情景模拟等多样化的方式来讲授。

2. 主动讲授的方式和策略

在讲授过程中，教师还需要注重讲授的方法和策略。例如适当地进行互动和讨论，激发学生的思考和提问能力，对于研学旅行课程中的重点知识，可以反复强调和提示，让学生更好地掌握。

3. 及时进行反馈和评估

讲授的目标是让学生更好地掌握所需的知识和技能，因此教师应该及时进行反馈和评估。在研学课程中，可以通过提问、小测验、作业等方式来进行知识检测，帮助学生了解自己对知识技能的掌握程度，在不足之处及时提醒，帮助学生更好地进步。

在研学旅行课程中，各种教学手段是相辅相成的，合理地运用多种教学手段可以激发学生的学习兴趣，提升研学旅行课程教学效果，丰富教学内容，培养学生的综合能力。

课后自测

本章小结

在本章中，我们了解了研学旅行课程教学组织的基本要求、研学旅行课程的教学模式以及研学旅行课程教学方法。通过本章的学习，我们认识了研学旅行课程教学和普通课堂教学的不同，以及各种教学模式和教学方法在研学旅行课程中的重要性。通过合理地运用各种教学模式和教学方法，我们可以更好地实现研学旅行课程的教学目标，促进学生的全面发展。

1. 请简述在研学旅行课程中的教学方法。
2. 简述在研学旅行课程中运用PBL项目教学模式的优点。
3. 结合以下案例讨论案例中运用了哪些教学方法。

一、概述

徽州文化,即徽文化,是中国三大地域文化之一,指古徽州一府六县物质文明和精神文明的总和,并不等同于安徽文化。徽州文化的主要内容有:徽州土地制度、徽商、徽州宗族、徽州历史名人、徽州教育、徽州科技、新安理学、新安医学、徽派朴学、徽州戏曲、新安画派、徽派篆刻、徽派版画、徽州工艺、徽州刻、徽州文献、徽州文书、徽派建筑、徽州村落、徽州民俗、徽州方言、徽菜、徽州宗教、徽州地理、徽州动植物资源等,涉及徽州经济、社会、教育、学术、文学、艺术、工艺、建筑、医学等诸多方面,凡与徽州社会历史发展有关的内容,都属徽州文化范畴,通常我们用"物质文明和精神文明的总和"来加以概括。这些文化的内涵,不仅体现了中国最正统的儒家思想,也受到了释家、道家思想的深刻影响。因此,徽州文化是中国传统文化的典型反映,徽州是儒家、释家、道家文化的一个厚实的沉淀区。

二、绩溪研学课程方案设计

浓墨重彩·舌尖绩溪

【主题课程名称】浓墨重彩·舌尖绩溪——绩溪徽菜徽墨研学旅行活动方案

【研学对象】七年级

【教学团队】学校代表、带队老师(班主任、年级主任、德育干事)、安全员、卫生员

【研学总课时】8课时

【研学目标】让学生们了解徽文化、研究学习徽文化、宣传徽文化,增强自身的文化自信,提高综合素质。

【基地背景】

绩溪紫园:绩溪紫园位于安徽绩溪县东的上马石村,绩溪紫园距县城1.8公里,全园面积1万多平方米。绩溪紫园是集游览、住宿、餐饮、会议、休闲于一体的旅游景区,汇聚了徽州明清时期民居建筑之精华。

上庄老胡开文墨厂：徽墨是我国传统的文房四宝之一，其历史悠久，自南唐李廷圭始创徽墨以来，已有一千余年的历史。上庄老胡开文墨厂设在胡氏故乡——安徽省绩溪县上庄镇，萃集胡开文制墨高手，继承胡开文传统工艺，其所精制的《天开文运牌》油烟书画墨，畅销海内外，是安徽省的名优产品，1986年荣获省乡镇系统优质产品称号，1989年荣获省优产品称号。

【实施流程内容】

行前课程："自主学习徽墨徽菜徽派建筑历史文化"交流分享会

同学们在教师的指导下分为三个小组，分别进行徽墨、徽菜和徽派建筑三个板块的自主学习，搜集相关资料，了解其历史发展脉络，并制作PPT与全年级同学进行分享与交流。

行中课程

课程地点	安徽省绩溪县
学习主题	徽州文化，徽派美食
相关科目	历史、人文
学习目标	在研学基地里，进行徽菜的制作、徽剧的表演，引发学生对徽文化的深刻理解 接受地域文化的熏陶，最终达到在地域文化知识环境里，潜移默化地实现综合发展
学习要求	1.小组集体活动，全员参与，共同完成 2.积极提出自己的见解，主动和其他同学分享
体验活动	徽墨制作过程：包括点烟、和胶、制墨、晾墨、修墨、填彩、包装、墨模制作这八道工序。 一品锅制作过程：一锅分六层、九层不等，视条件而定，一般荤菜置上，素菜搁下。菜品一般为干角豆、冬笋、香菇、豆腐角、猪五花肉块、蛋饺、熟火腿、鹌鹑蛋。烹制时用生铁锅，先将红烧肉煸炒后烧至半熟，再依次将荤素菜肴铺入锅内，加入汤汁，以旺火煮沸，再以文火慢炖，并不时舀其汤汁浇于锅面，使原汁让鸭肉、豆腐包充分吸收，炖两到三小时，待汤汁快干，菜酥烂、味浓醇即可。

行中活动安排

	时间		研学活动
第一天	上午	8:00—8:30	学校门口集合，清点人数
		8:30—13:30	出发前往安徽省绩溪县
	中午	13:30—14:10	享用营养午餐(餐毕带走自己的垃圾，爱护环境) 备注：以班级为单位，在指定区域内就餐
	下午	14:10—15:10	参观紫园，绩溪紫园是一座园林式的建筑群，四面环山，一池碧水，山上松枫掩映，山下房舍栉比

续表

时间			研学活动
第一天	下午	15:10—17:20	选出部分人参与"徽戏童子班","徽戏童子班"是省级非物质文化遗产,老艺人为学生化妆、穿戴戏服,体验经典徽剧《水淹七军·夸将》的魅力,将徽剧作为绩溪特色文化引入校园,作为学校艺术教育特色的重点
		17:20—18:00	享用晚餐 备注:以班级为单位,在指定区域内就餐
		18:30	以班级为单位集合,坐车回酒店休息
第二天	上午	7:00—8:00	起床,享用早餐
		8:00—9:30	参观老胡开文墨厂(参与制作),在专业老师的指导下,学习徽墨的起源和发展,了解墨的原材料和制作工艺
	中午	10:00—13:00	制作一品锅,大家分为三组共同制作,小组一制作蛋饺皮,小组二准备肉馅,小组三包蛋饺和装豆腐包 享用亲手制作的一品锅,注意环境卫生问题
	下午	13:00	享用完中餐后,清点人数,启程回学校

任务要求

1. 每位学生在教师及工作人员指导下,体验徽墨制作过程。

2. 以小组为单位,体验制作一品锅。

3. 参与徽剧体验的学生在徽剧老艺人的指导下认真完成《水淹七军·夸将》的排练。

行后活动

1. 学校开展研学评价,学生进行研学心得交流。

2. 学校选定合适时间在校内安排学生进行徽剧《水淹七军·夸将》展示。

3. 校方在研学旅行后组织学生撰写研学作文,并形成研学成果汇报。

4. 研学活动后学生阅读《徽州文化全书》,这是一套全面、系统介绍徽州文化的大型学术丛书,从历史文化学的角度,多层次地研究徽州的文化现象,并探索各种文化现象的形式、演进情况,以及彼此间的互动关系。

第五章
研学旅行课程实施

本章概要

本章重点介绍研学旅行课程的组织与实施,分析研学旅行课程实施的基本要求,明确研学旅行课程的准备阶段,为研学旅行课程的实施做准备,课后阶段是基于课程实施所取得的成果而延伸的课程,是对课程实施所到达的学习成果进行评价、展示、提升的课程。

学习目标

知识目标:

1. 了解研学旅行课程目标;
2. 知悉研学旅行课程实施的基本要求;
3. 熟悉研学旅行课程的准备阶段内容;
4. 掌握研学旅行课程的具体实施;
5. 了解研学旅行课程的课后阶段内容。

能力目标:

1. 能够全面掌握研学旅行课程组织与实施的基本流程;
2. 能够撰写出研学旅行课程准备阶段内容;
3. 能够清晰地阐述出研学旅行课程的实施内容;
4. 能够具备较高的组织协调能力。

素质目标:

1. 树立职业认同感;
2. 树立生态和谐意识;
3. 树立文化自信;
4. 善于发现和利用中华博大精深的历史文化。

第五章 研学旅行课程实施

章节要点：研学旅行课程的准备、实施、课后三阶段。

知识导图

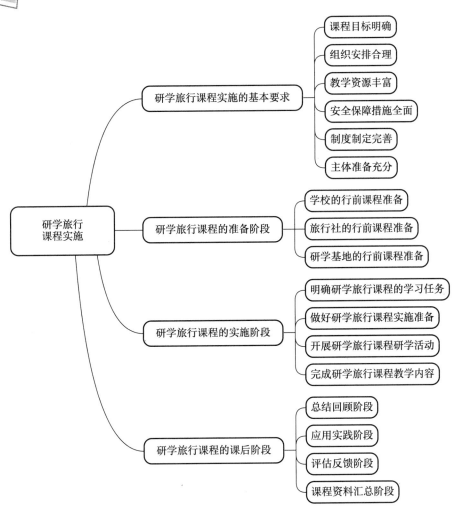

第一节 研学旅行课程实施的基本要求

与传统的学科课程的组织与实施相比,研学旅行课程的组织与实施难度较大,需要各主体协同参与,因此,研学旅行课程的组织实施如同一个庞大的工程。要将这个庞大的工程完成好,不仅要从课程的管理、资源开发与设计上下功夫,还要了解课程组织实施的特点,把握学生学习方法的指导,关注学生的实践体验,重视学生价值观的生成,追踪学生的评价反馈。为了使研学旅行课程得到有效组织与实施,其必须满足一定的基本要求。

一、课程目标明确

研学旅行课程的课程目标包括学生的学习目标和课程的教学目标,明确课程目标有助于课程的组织与实施。学生的学习目标是提高自身的实际应用能力和创新能力,使自己具备独立思考和解决问题的能力。课程的教学目标是使学生通过实际操作和体验,理解科学知识和人文知识,并培养学生的科学素养和人文素养。课程目标是课程实施要达到的基本目标,也是课程实施的最终归属点。因此,课程目标的构建,将明确研学旅行课程需要达成的具体效果,根据课程目标所指明的方向,聚焦核心素养和关键能力,形成各项组织实施活动开展的中心,使研学旅行课程的组织与实施的流程完整、内容丰富、主题鲜明。同时,课程目标明确,课程定位准确,将有效实现校内知识性课程与校外实践性课程的整体化发展,在思想引导、审美情感、创新实践和知识学习等方面发挥研学旅行课程的优势。因此,在研学旅行课程的组织与实施之前需明确课程目标,确定研学旅行的目的,以保证教学质量和效果。

二、组织安排合理

研学旅行课程的组织安排极大程度上决定了研学旅行课程的实施步骤与流程,帮助确定课程开展的时间、地点、主题和内容等。研学课程作为第二课堂,是学校教育的有效补充,是学校教育和校外教育衔接的创新形式,有着传统课程无法替代的功能,在实施过程中,需要统筹校部级选修课、社团活动、职业启蒙、校外综合实践活动,建构第二课程体系,以实现高质量的研究性学习。研学旅行课程的组织安排要合理,可以细化到具体的实施安排上,如行程安排、住宿安排、餐饮安排等,行程安排要考虑到科学教育活动的需要,确保学生在课程中得到充分的体验和收获,住宿安排要保证学生的安全和舒适,餐饮安排要保证学生的营养和健康。有效组织课程,把握研学课程的学习重点,注重对学生的管理和辅导进而科学规划研学课程,有效激发学生的学习兴趣,使学生能够在安全的环境中体验研学的乐趣,进而真正实现研学旅行课程的目的。

三、教学资源丰富

研学旅行课程的教学资源要丰富。从资源的类别来看,既包括各种文化资源、自然资源、旅游资源和建设资源等,还包括各类文本资源、网络资源、知识内容资源和人员方面的资源等;从资源的类型来看,既包括可直接使用的资源又包括可间接利用的资源。有了较多可供选择的教学资源,才能选取最符合研学旅行课程开展的研学主题、实践环节、教学方式等,丰富的教学资源能极大地促进和提升研学旅行课程的质量。研学旅行课程教学要选择适合学生的教学方法,如实地考察、讲解、游戏等;研学旅行课程要设计丰富多彩的旅行体验,以吸引学生的兴趣,提高学生的学习效果;研学旅行课程的教师要进行充分的课前准备,包括课程设计、课件制作、技巧等。借助充分的资源储备,丰富教学内容,提升教学质量,促进学生实践能力发展,并最终实现研学旅行课程实施的目的。

四、安全保障措施全面

安全保障措施是研学旅行课程组织与实施的重要要求,这项要求从本质上决定了研学旅行能否顺利开展,或以何种形式进行。因此必须明确研学旅行安全保障措施,保证学生的人身安全。研学旅行课程的安全保障措施包括研学场地安全、交通运输安全、饮食卫生安全、研学活动组织安全等方面内容,从研学旅行课程的开始到结束都应该对安全问题保持最高的警惕,并做好安全情况预案,以避免意外情况的发生。首先应该从源头上避免安全问题的发生,如在研学场地的选择上,需提前踩点,并向场地提供方了解研学活动场地的基本情况,包括设施的使用情况、场地的消防设施情况、场地的停车地点、研学活动开展地点及就餐地点等,对场地进行详细和全面的了解,从最初的研学旅行课程的制定上就杜绝具有危险性的活动。利用全面的安全保障措施,为学生的实践教育提供保护屏障,更为研学旅行课程的开展保驾护航。

五、制度制定完善

制度的制定为研学旅行课程的组织与实施确定了具体的组织要求和操作要点,制度制定的完善将在很大程度上为研学旅行课程的开展规避风险。确定执行步骤,使研学旅行课程的参与者能够从制度中明确课程组织与实施的具体要求,进而依照制度完成各项活动。例如,学生管理制度的制定,制定明确的学生管理制度,以保证学生的行为规范;经费管理制度的制定,制定明确的经费管理制度,以保证研学旅行的经济效益;课程评价制度的制定,制定合理的课程评价制度,以评价学生的学习效果和体验感受。通过制定完善的制度,明确研学旅行课程开展过程中的各项事宜,能提升课程开展的效率及课程环节的流畅性,解决在研学旅行课程活动中出现的必须规范解决的各项问题,促进课程的顺利实施与开展。

六、主体准备充分

研学旅行课程的建设涉及教育行政管理部门和学校、提供研学旅行服务的旅行社和研学旅行活动基地三个方面。教育部等11部门联合发文明确将"研学旅行"纳入学校的教育教学计划中,这就决定了学校在研学旅行课程实施中的主体地位。因此,在研学旅行课程组织与实施时,学校需从多方面做好研学旅行课程开展的准备工作,如明确研学旅行课程的主题、组织教师学生的培训、与旅行社和活动基金进行合作协调等。只有学校对于课程的开展与实施进行完全准备充分,突出以学生为本的指导理念,才能使以学生发展为目标的研学旅行课程得以顺利开展。研学旅行课程是一门充满实践性和体验性的课程,组织与实施要求较高,但经过规范的组织和实施,将会对学生的成长和发展产生积极的影响。

第二节　研学旅行课程的准备阶段

教育部等11部门印发的《关于推进中小学生研学旅行的意见》中指出,规范研学旅行组织管理,各地教育行政部门和中小学要探索制定中小学生研学旅行工作规程,做到"活动有方案,行前有备案,应急有预案"。这就要求在研学旅行课程的准备阶段就要做到有主题,有任务,有线路,有人员分工,有时间安排,有组织机构和安全职责,有备案,有预案等,要有一套完整的教育教学组织管理程序。

一、学校的行前课程准备

(一)课程路线的选择与编组

在确定研学旅行社后,学校提出需求和建议。旅行社根据学校提出的意见和建议完成研学旅行课程设计的优化和修改,并提交研学手册文本和研学旅行课程实施方案。学校根据旅行社提供的可供选择的课程实施方案,挑选出路线信息,结合班主任、各科任教师、学生的建议进行选课。选课结束后,根据各线路选课的情况,对学生进行小组编排,选出小组组长对课程实施前中后的各项下发任务进行上传下达,并对小组成员负责。

(二)学生动员与行前课程

1. 动员

学生是研学旅行课程的首要参与主体,对学生进行充分动员,可在研学旅行课程实施前,让学生明确研学旅游课程的意义,明白研学旅行课程的价值,做好课程实施的思想引导,使学生能够以端正的学习态度参与到研学旅行课程中,以认真学习的态度加入到课程实施的过程中。借助动员,使学生了解到整个研学旅行课程的筹备情况,以及研学旅行课程实施的预期效果,引导学生在各项行前课程中认真学习,积极参与。同时,让学生了解研学旅行课程的开展特点及实施形式,以便学生做好研学旅行课程的课前准备。

2. 行前课程

对于学生而言,研学旅行课程具有很强吸引力,也激发了学生极大的学习兴趣。在课程开展前,学校需要组织学生参与各类专题讲座,以保障学生在研学旅行课程开展过程中能在一定的规章制度下,安全地进行研学旅行课程的学习。首先是文明专题讲座,针对在不同场所的文明旅行行为规范,结合具体的案例做专题讲座,让学生能够深切体会到文明旅行的重要意义;其次是安全专题讲座,为学生开展系统全面的安全知识学习,着重对交通安全知识、饮食安全知识、住宿安全知识、户外活动安全知识、自然灾害及突发事件的紧急应对措施、个人财物安全知识等方面的内容进行培训指导;最后是对研学旅行课程的学习专题讲座,提醒学生明确研学旅行课程是一次旅行教育活动,学生需要重点关注"研",引导学生注意课程实施时应该学习和观察的重点及关键内容,从而提高课程实施的效率,取得更好的课程实施效果。

(三)对家长的培训课程

对家长进行课程培训的重点在于首先要让家长明确国家关于研学旅行课程的相关政策,以及开设研学旅行课程的相关背景,让学生家长了解研学旅行课程与一般的观光旅游的区别,理解研学旅行课程对于学生健康成长和未来生涯发展的重要意义,并理解研学旅行课程的价值与意义。同时,学校要向家长介绍学校根据相关政策所做的准备工作,研学旅行课程的特点以及课程实施方法,向家长解释应该如何配合学校和旅行社开展研学旅行工作,并向家长介绍说明研学旅行中可能出现的问题以及所采取的安全防范措施和各种应急预案,重点解释有关安全责任的法律规定,使家长能够充分理解与认可研学旅行课程的开展。

(四)对教师的培训课程

1. 研学课程培训

学校带队教师在组织与实施研学旅行课程中有重要作用,应具备实施研学旅行课程的知识能力。目前,仍有学校的教师对研学旅行课程的内涵与特征了解得不够深入,未认识到研学旅行课程在实践教育中发挥的作用,仅将研学旅行视为简单的观光旅游或夏令营类简单的教育活动。因此,在研学旅行课程的实施前,需对学校的带队教师进行研学旅行课程的知识培训,如若学校的带队教师在活动实施过程中只能起到组织学生的作用,而不能对学生进行教学和指导,将会使研学旅行课程的实施效果大打折扣。学校的带队教师,首先需要在课程的评审阶段发挥重要职能,只有教师真正了解研学旅行课程的内涵才能正确履行课程评审的职责,才能评选出最符合学生发展要求的研学旅行课程,并及时给予承办旅行社有价值的修改意见。其次,在整个研学旅行课程的实施过程中,学校带队教师将对学生起到重要的指导与引领作用,帮助学生明确研学旅行课程的目标,运用学生管理的技巧与规范,使学生真正进入研学旅行课程中去。一同时,带队教师还需要具备相关的法律知识,具有较高的安全防范意识,在课程实施过程中,正确履行自己的职责,使课程实施达到应有的教育效果。最后,在研学旅行课程结束后,能够掌握开展科学研学旅游课程的一般方法和研究规范,了解研究报告的结构和范式,在后期指导学生对研学旅行课程的收获进行整理总结。

2. 安全责任培训课程

研学旅行课程是学校和有关部门共同组织的学生集体外出活动的实践课程,因其活动场地和活动形式具有特殊性,所以更要坚持"安全第一"的原则。在研学旅行课程开展的过程中,必须把师生的人身安全放在首位。通过安全责任培训课程,对带队教师与研学导师进行安全防范知识和技能培训,使其详细了解安全防范的注意事项和安全保障措施,让每一位带队教师明确安全责任和安全岗位,防患于未然。教师要掌握紧急情况下学生的疏散、转移与紧急救助,要了解各种应急预案的具体内容,知道应急预案的响应条件,一旦发生应该启动应急预案的情况,立即启动应急预案,并按照预案中的操作流程采取紧急行动。

(五)与旅行社和研学活动基地的协议

学校要与提供研学服务的旅行社签订合作协议,明确双方的责任和权益,明确旅行社应对研学旅行过程中所发生的一切安全伤害事故依法承担全部责任。同时,学校还要向保险公司购买校方责任险,签订保险合同。监督研学活动基地与学生家长签订研学旅行协议,以确保研学旅行课程开展过程中能够有全面的安全保障。学校要及时与旅行社、研学活动基地和学生家长就筹备过程和课程实施过程中出现的各种问题做好沟通、协调、处置的工作。

二、旅行社的行前课程准备

提供研学服务的旅行社确定承办课程后,首先需要对研学旅行的课程资源进行全面的实地考察和了解,并在此基础上进行研学旅行课程的设计。此外,旅行社还要为学校准备相关的行前课程,并与各供应方、保障方进行合作谈判,签署相关协议。在课程设计之前,旅行社必须根据实地考察情况、工作规范和从业经验制定切实可行的安全防范措施和应急预案。

(一)课程资源考察与设计

对研学旅行课程资源进行考察是安全顺利实施课程的重要保证。

首先，在对路线进行考察时，需考虑景区或研学实践教育基地的资源属性，并在考察过程中，尽可能挖掘线路的多重属性，进而为学生提供多角度认识和理解学习资源的条件。

其次，需要对课程资源的安全性做认真细致的考察，向研学活动基地提出所发现的问题的整改要求；对于无法避免的安全性问题，要在课程设计与实施时采取规避措施；对于有重大安全隐患的供应方，要坚决予以更换并及时与主办方沟通交流。同时，还需对课程实施的时间长度、物质条件、最佳路线、方式以及各学习单元之间的交通保障等进行全面的了解与设计，要在实地考察的基础上做出恰当的选择。

再次，需要对拟入住酒店房间的设施以及安全疏散设施进行细致检查，对酒店设施的安全性和舒适性做全面了解。同时对各课程资源所在地的饮食文化进行考察，为学生行程中的饮食做出科学合理的安排。

最后，要与地接导游及景点（基地）讲解员交流课程实施的具体内容，使之对课程资源的教育性有充分的认知。后期课程设计完成之后，要让地接导游和景点（基地）讲解员对课程目标、过程性学习任务以及课后作业做充分了解，以便在课程实施过程中进行有效教学。借助资源考察，收集整理各种资源的图文信息，为制作课程设计和编制研学手册准备材料。

（二）课程设计与研学手册的研制

在综合整理所获得的信息基础上，按照课程目标、课程内容、课程实施和课程评价四个方面进行课程设计。在课程设计的基础上，加上安全知识、安全应急预案、研学课程资源简介、目的地法律法规和社会风俗等行前应知的知识，以及物品备忘检查表，包括学生电话、家长电话、研学导师与带队教师电话等信息的通讯录，课程实施地点最近派出所的相关信息，课程实施地点最近医院的相关信息等内容，制作规范的研学旅行手册。

（三）与学校、研学活动基地、相关机构的协议

经过实地考察确定课程资源和线路之后，旅行社要与各类供应方签订合作协议，这些供应方包括被确定的研学实践教育基地、户外教育营地、入住酒店、提供旅行车辆的交通保障单位、承担地接任务的当地旅行社等。在协议中应重点约定相关的教学和服务质量标准，课程实施时间，双方的权利与责任，意外状况下的约定项目调整办法，付款方式，违约责任等。其次要与学校签订相应的协议，学校必须依法为参与课程实施的所有人员投保，并按时签订保险合同，确保研学旅行活动的全程在保险合同的有效期内。课程确定后旅行社还要与研学活动基地签订保障协议，以确保课程实施过程中，安全、医疗等各方面公共服务得到保障。

（四）为学校提供的行前课程

提供服务的旅行社必须为学校提供必要的行前课程，供学校在安排行前课程时选择使用。其具体内容包括以下几个方面。

1. 课程资源介绍

旅行社要把确定的课程资源介绍提供给学校，供学校进行行前动员时使用，也可以作为学生选课的参考依据。

2. 与课程主题相关的专题报告

为了更好地实施课程，让学生充分了解课程资源的特点、价值和意义，并有效激发学生的学习兴趣和选课动机，可以根据学校要求或主动提供必要的专题报告。

3. 提供建立联系、交流信息的渠道

旅行社和学校以及供应方要分别建立即时联系渠道，随时交流相关信息。

（五）安全防范措施和应急预案

旅行社在行前必须制定保障旅行安全的细则，这些细则包括安全注意事项、安全防范措施和应急预案。

1. 安全注意事项

安全注意事项是提供给学生的，行为的主体是学生，是在课程实施中学生自己应承担的安全责任，但旅行社必须将注意事项告知学生，并及时对学生进行提醒和提示。

2. 安全防范措施

安全防范措施是研学活动基地应该采取的措施，但制定和采取措施的行为主体是旅行社。安全注意事项和安全防范措施是以预防事故的发生为目的。

3. 应急预案

应急预案是为了一旦出现安全事故或紧急情况，为将损失降到最低而采取的必要措施。

一般应急预案方案应包括：

(1) 地质与气象灾害应急预案；

(2) 交通事故应急预案；

(3) 食物中毒应急预案；

(4) 突发疾病应急预案；

(5) 意外伤害应急预案；

(6) 暴恐袭击应急预案；

(7) 机动车火险应急预案；

(8) 财物失窃及证件丢失应急预案。

应急预案的内容应包括：

（1）突发事件应急处理机制，包括应急处理领导小组和工作小组的人员构成及职责分工；

（2）应急预案的响应启动条件；

（3）应急处理的程序与步骤；

（4）责任人员的操作流程。

三、研学基地的行前课程准备

（一）深入分析研究研学课程

首先，对研学旅行课程的具体内容进行明确，了解哪些是属于研学实践教育基地建设方面的内容。只有保障研学内容的明确性，才能结合实际情况对实践教育活动加以优化，提高教育活动的指导效果。其次，对研学旅行课程设置进行分析，结合基地实际情况，与提供研学服务的旅行社共同制定科学合理的课程设置方案，突出研学实践教育意义，形成课程教学合力。最后，对研学旅行课程线路进行规划，明确研学工作目标，提出研学旅行课程路线的实践教育功能，结合学生的成长和学习需求，明确研学旅行课程路线，提高路线的针对性和可操作性。

（二）完善基地组织保障

在确定研学旅行课程内容后，将组织保障建设作为重点，全面落实组织保障工作，系统地提高研学实践教育基地建设实际效果。结合发展规划、师资力量、组织管理、经费投入等工作提出合理化建议，增强研学实践教育基地建设的规范性和高效性。结合旅行社和学校提出的各项方案及要求，全面落实各项课程实施准备工作，突出基地特色，优化基地管理，为学生提供更能促进知识学习与实践能力发展的平台。

（三）构建安全保障体系

在探索研学实践教育基地建设的过程中，安全保障体系的建设和完善能够为基地各项工作的开展和基地的稳定运行提供有效的支持，也能保障参与研学旅行教师和学生群体的安全。为了维护研学旅行实践教育活动的稳定推进，要注意从多角度对安全保障体系的建设进行分析。借助制度保障，增强制度的规范性；利用人员保障，凸显研学实践基地的建设实效；通过设施保障，有效促进研学基地作用的发挥，进而为学生的研学旅行课程开展创造良好条件。

(四)与各方建立良好沟通

注重与学校、旅行社间的良好沟通,及时跟进学校学生的具体情况,并与旅行社保持密切沟通,以协商课程实施的具体细节,依照课程实施方案进行全面的筹备。

第三节 研学旅行课程的实施阶段

研学旅行课程的实施阶段属于研学旅行的行中课程,是整个研学旅行课程中的重要阶段。研学旅行课程的准备阶段是为研学旅行课程的实施做准备,研学旅行课程的课后阶段是基于课程实施所取得的成果而延伸的课程,是对课程实施所到达的学习成果进行评价、展示、提升的课程。研学旅行课程的实施效果决定了课程实施的最终成效。课程的实施主要由研学导师组织开展,学生为主体,带队教师为辅助者,三者共同作为实施阶段的重要主体,完成研学旅行课程的具体实施。

一、明确研学旅行课程的学习任务

在课程实施过程中,需要作为研学活动主体的学生明确本次研学旅行课程的内容、活动方式、课程任务和课程目标。

(一)明确课程内容

1. 明确主题

在研学旅行课程设计过程中首先要明确课程的主题,课程的主题确立了研学课程开展的主要意义,也决定了课程活动的活动宗旨和课程的性质。学校在开设研学旅行课程时,根据不同年级的学生具体学习情况,以学生的认知水平和学习能力为参考,设计相应的活动主题,由此形成学校的研学旅行课程体系,使不同学段的学生能够借助不同主题、不同类型的研学活动,达到校外实践教育的总体目标并由此促进学生的身心全面发展。

2. 明确问题

研学旅行课程的主要目的是引导学生通过自主探究,进行探究式学习,借助合作交流,在研学导师的引导下发现问题并解决问题。因此,在研学旅行课程实施过程中,必须让每一位学生都知晓自己所探究的问题是什么,由此通过目标引导、任务驱动使学生能够在教师指导下进行研究性学习,从而确保研学旅行课程的实施达到最佳效果。

(二)明确课程活动方式

1. 明确活动路线

研学旅行课程所选择的研学基地,一般都是由教育行政部门所认可,不同的研究实践教育基地有着不同的课程教学资源。因此,在课程实施过程中,学生可以借助研学手册或网络查阅相关研学课程的辅助资料,了解研学基地的课程资源状况,进而促进研学实践活动的顺利开展。

2. 明确活动安排

研学旅行的活动安排需要一般呈现时间、地点、活动内容,且活动安排具体到几点几分、在何地集合、开展何种类型的活动等。参与研学旅行课程的学生都必须明确研学活动安排,以确定他们在互动过程中的安全性及课程实施的有效性。

(三)明确课程任务

1. 明确学习任务

研学旅行课程的主要任务是培养学生科学探究的能力和核心素养,形成正确的态度和价值观,知识的习得是次要的学习任务。学生必须带着任务参与课程的实施,由任务驱动,促使学生在课程开展过程中真正地参与探究、进行思考。

2. 明确实践任务

研学旅行课程更多地需要学生参与到实践活动中,而实践活动既要求学生完成个人的实践目标,又要求学生通过参与团队合作实现集体实践目标。因此,学生需将实践任务转化为课程的实践参与,在参与的过程中完成实践。

(四)明确课程目标

1. 明确个人目标

学生是带着提升自我的目的参与到研学旅行课程的学习当中,同时研学旅行课程也将以学习作为重要的目的。因此学生需要明确,自身需要在本次研学活动中要完成的内容和需达到的学习目的,并有目的地在每一项活动中开展学习。

2. 明确团队目标

研学旅行课程主要以小组团队的形式来开展,每位学生在小组中会具有不同的角色,而团队的目标是小组成员需要共同奋斗的目标。在明确团队目标的基础上,每位学生认真履职,为取得理想的团队成绩共同努力。

二、做好研学旅行课程实施准备

（一）导师团队的筹备

研学旅行课程的带队教师与学校学科课程教师不同，教学不是由一个老师完成，而是由一个团队合作完成的。首先，研学旅行课程的带队教师的特点是团队化，研学旅行课程的教师团队由学校带队教师、承办方的研学导师、景区或基地的讲解员以及安全员等人员组成，各类教师分工协作，共同完成教学任务。其次，教师团队是一个跨界团队，成员来自教育界和旅游界两个专业领域，需要将双方各自的专业优势有机结合，有效提高合作教学效果。来自旅游界的研学导师在教学中要注意突出教学指导的教育性，来自学校的带队教师要在教学工作中发挥自己的教育专长，引导学生深入思考，落实关于核心素养培育的教学目标。

（二）课程实施的教学准备

1. 教学环境

研学旅行课程不同于在学校教室内教学的课程，是一种真实场景中的教学，是实景教学。为了确保学生活动的安全和室外授课的效果，研学实践基地及授课导师在课前应该做好各项准备工作，如设置平面图、设置安全警示标志等。授课导师根据具体场地情况，做好突发情况的准备并确保集中讲课的授课效果。

2. 教学器材

研学旅行课程是实践类的互动课程，课程实施中有较多组织学生进行体验或动手操作的环节，为了能够确保良好的教学秩序，保证教学顺利、有序地完成，研学旅行导师可与研学基地进行充分交流，事先准备好充足的有安全保障的教学器材，合理进行分组搭配，让每一位学生都能够充分地参与到动手实践环节中，提升研学旅行课程的体验感。

3. 小组划分

研学旅行课程强调学生的自主研究和合作探究，科学分配小组能够充分借助小组的作用提升研学旅行课程的教学质量。在组织开展活动时，研学导师根据学生总数、活动项目等种种因素，确定学生的分组情况，并重点培养组长，促进研学活动的顺利开展。

（三）严格执行教学计划

1. 教学流程的实施

研学旅游导师在研学旅行课程中发挥着组织与维持课程实施的。在课程实施中，研学导师应按照研学实践基地对研学旅行活动开展的指导纲要开展研学旅行课程活动。同时,应在课程实施中按照教学计划和课程方案严格执行,尽可能规避对课程开展的不良影响,如天气因素、场地因素等外界引导的因素。研学旅行导师在教学过程中可借助充分发挥主观能动性来提升教学质量,但必须遵从教学计划安排,按教学流程进行活动开展,由此确保活动的完整性和促进教学目的的达成。

2. 研学活动评价的开展

研学旅行导师根据课程内容对学生的一般行为给予适时指导,依据研学手册中的评价指标和评价量表对学生的行为表现做出评价,及时提醒和引导学生注意景区或基地的特殊要求,对这些特殊要求的执行情况做出即时性评价。在评价过程中,采用多维度、多元化的评价手段进行开展,鼓励学生进行自评、互评,并开展师评工作,评价结果作为最终成果认定时的参考指标。

三、开展研学旅行课程研学活动

(一)问题导向,自主探究

在研学活动开展过程中,需激发学生的求知欲,下意识地创设情境,营造"问题"氛围,使学生能够主动质疑,并进行提问和学习。在此过程中,学生因好奇而产生思考,不断地在发现问题中产生兴趣,在解决问题中获得成就感,自然而然地在学中问、问中学。这种模式有效地促进学生进行自主学习和积极探究,提高了学生的研学兴趣。

(二)搭建平台,合作学习

研学旅行课程为学生提供文本的和现实的学习条件、必要的学习材料,让学生自主学习。研学旅行导师给予学生充分的肯定,为学生搭建学习的平台,让学生自主地发现规律和结论,并使学生在研学旅行课程中学会倾听、思考、讨论和表达。在个人目标实现过程中,认真参与实践,通过与同学交流,共同进步;在小组合作过程中,不同程度的同学互相交流、补充,实现思维火花的碰撞,并完成合作探究,让学生在这个过程中学会合作与交流。

(三)加强指导,注重引导

研学旅行课程的特点决定了其授课方式不是讲授阅读等直接传授的方式。教师在学生研学旅行过程中的教学作用主要体现在对学生的指导上,在研学旅行课程实施过程中,教师要善于指导学生学习,借助有效的咨询和指导的艺术使学生得到适当的启发,从而引导学生主动去发现、去感受、去领悟。

四、完成研学旅行课程教学内容

(一) 完成研学任务

1. 研学手册

研学旅行课程不要求学生将过多的研学时间放在完成作业上,而是鼓励学生用更多的时间进行观察、体验和感受。但这并不意味着研学旅行忽视结果,因此需要在设计研学手册时,能够更好地取其精华去其糟粕,突出重点。优质的研学手册对研学旅行课程的实施有极大的帮助,能够给予研学活动指导和安全活动指导,并成为研学成果的汇报册。

2. 研学成果

研学旅行课程的教学成果不以考试为评价手段,不以分数为呈现形式。在研学旅行过程中收获成果形式很多,如文本成果,类似研究性学习报告、随笔、散文、游记以及完成的模块作业等;影像成果,包括在研学旅行过程中拍摄的照片、视频等资料;制作成果,包括在研学旅行过程中参加手工活动制作的手工艺品,在研学旅行过程中采集的标本,采购及收集的有代表性的纪念品等。

研学旅行课程更为重要的价值在于学生在研学旅行过程中内化的成果,是学生在观察、探究、分析、应用等研究过程中所形成的分析问题、解决问题的能力,思考问题的逻辑思维能力,科学研究的基本素养等。学生在研学旅行中通过识记、观察、探究等自主学习活动所习得的知识,既拓展了知识边界,又丰富了知识内涵。同时,学生在研学旅行的真实情境中,经过体验感受获得了态度、倾向和价值观的变化、文明行为的改善和提升以及文明习惯的养成和自觉。

(二) 展开交流分享

1. 交流研学成果

交流研学成果是研学旅行课程实施中的关键环节,也是实现研学旅行课程的实践教育目标的重要手段。在完成实践活动后,学生在研学旅行导师的指导下,以个人或小组的形式将完成的研学成果进行展示分享。展示分享不仅仅是成果的简单描述,而是对研学的过程和研学方法的综合展示,借助交流与分析,使学生在汇报中相互学习,取长补短。

2. 交流研学感悟

研学旅行课程的交流是学生在实践教育中的深刻体验,学生在这一过程中能够产生许多感悟,这些感悟可以提高学生的思想高度、促进学生的情感发展、提升学生的精神境界等。通过对感悟的分析,引发学生进行情感融通的交流,使研学旅行课程的教育效果得到升华,并呈现出独特的教育魅力。

研学旅行课程的有效实施策略

1. 行前环节(校内)

第一,选定活动主题。学校依据课程体系、学生发展需要,选定研学的方向(如红色研学、科技研学等)。再组织相关教师研讨,结合教学实际确定具体的活动主题。第二,开发研学课程。遴选校外研学机构和研学基地,共同从课程的高度,结合学生认知水平、实践能力和发展需要,系统性、针对性、适切性地设计课程,制定课程目标、课程内容、课程方案、课程评价等。第三,确定研学课题。运用学科教学、讲座等方式,为学生铺垫必备的知识,训练必备的学习方法。在此基础上,帮助学生确定个性化的研学课题。学生以个人或小组为单位,围绕选题利用网络检索、查阅书籍报刊等方式进行文献调研。

2. 行中环节(校外)

第一,加强组织管理。维持活动秩序,做到活而不乱、动而有序。动员学生主动参与到活动中,积极动脑动手,不做旁观者、看客。对自控能力不足的学生,适时进行提醒和督促。第二,进行研学指导。指导学生切实围绕选题开展研究性学习,避免以讲授代替学习,以参观代替研学。当学生个人或小组遇到困难,教师应提供及时到位的引导、激励和帮助,让他们渡过难关。第三,强化同伴互助。引导学生发挥团队力量,形成"学习共同体",在研学小组中各尽其责、各显其能。另外,尽可能创造条件,比如利用博物馆里的培训教室,组织学生趁热打铁地提出问题、分享思考,教师及时答疑解惑、总结点评,以维持学生研学的专注和热情。

3. 行后环节(校内)

第一,提炼学习收获。要求学生对学习的收获进行反思、提炼、总结,在教师的指导下完成小论文、研学报告等成果,并形成图文并茂的文本,再汇总成册,切实将成果加以固化。第二,分享研学成果。采用展板、报告会、答辩会等形式,组织学生对研学成果进行集中展示和分享,让他们在相互借鉴启发中进一步丰富和升华学习收获。第三,评价研学效果。对研学效果多维度、多主体进行评价。过程性评价与终结性评价相结合,表现性评价与成果性评价相结合,研学导师、班主任、学生、家长评价相结合。评价内容中尤其应重视学生在学习能力、综合素养方面的进步和提升。

第四节 研学旅行课程的课后阶段

研学旅行行程的结束,并不意味着课程的结束。有效实施行后课程是保证研学成果巩固和提升的重要手段。行后课程是基于行中课程所取得的成果而延伸的课程,是对行中课程的学习成果进行评价、展示、提升的课程,对构建完善的研学旅行课程体系有着举足轻重的作用。

一、总结回顾阶段

总结包括学习情况、所获得的知识和技能、感受感悟等方面,可以借助成果汇报的形式来呈现。总体可分两类:一是课题研究成果汇报交流,二是其他学习成果汇报交流。

(一)课题研究成果汇报

首先,学生在完成课题研究报告后交给负责指导自己课题研究的研学指导老师进行批改,根据老师所提出的修改意见进行修改。随后,以小组为单位进行课题成果交流,经小组评议,推选出能够代表小组的研究报告。在此基础上,班级举办优秀课题成果交流汇报会达到相互交流、相互学习的目的。在完成课题研究成果交流的基础上,各班推选出优秀成果参加学校的成果展示,学校也可以遴选优秀成果集结成册,印制或出版学生研学旅行优秀课题成果集。

(二)其他学习成果汇报交流

其他学习成果是指除研究报告以外的其他所有学习成果。学生可以交流汇报在研学旅行中自己认为有意义的所有学习收获,既包括各类文本成果、影像成果、制作成果等外显的学习成果,也包括研学途中对自己所见所得的反思与感悟,个人思想与能力的提高等内化的学习成果。班级内部也可以结合学校的成果展示方案,利用教室的墙壁空间或建立网上学习交流平台,对成果进行分类展示,并进行优秀成果分类推选,为参加学校的展示做准备。

二、应用实践阶段

此阶段是指将所学知识和技能应用于实践中,包括开展项目研究、进行实地考察等。研学课程的课后阶段应该让学生能够全方位地吸收所学知识,从理论到实践,从表面的认识到深入的思考。同时,应该注重培养学生的独立思考能力和实践能力,让他们在实际生活中有所表现。

（一）项目研究

研学旅行课程以主题为课程开展导向，在研学旅行课程完成后，学生多数对本次研学活动的主题充满好奇心与兴趣，不少学生会基于兴趣对该主题进行主动的学习与研究，从而在该领域继续探索并由此形成对该主题的项目研究。

（二）实地考察

教师在研学旅行活动过程中，注意激发学生对某一领域的向往。学生会由此不满足于仅对活动进行观察与探究体验，而是想更多地通过实地考察与学习，探索更深入的问题。

三、评估反馈阶段

教育评价是对所实施的研学旅行课程中的教育活动、教育过程和教育结果进行相对科学判定的过程。评估学生在课程学习中的表现，给予他们积极的反馈和建议，鼓励他们继续提升并将学习成果更好地应用。在各类评比展示结束后，结合评比展示的结果，指导教师对学生研学旅行学习成果给出评价。高中学校根据有关规定把学生的学习成果记入学生发展素质评价报告，并予以学分认定。初中和小学根据学校的相关规定，对学生的学习结果进行成绩认定与表彰。

四、课程资料汇总阶段

为了方便学生巩固和扩充知识，教师可以将课程资料进行汇总，并推荐一些相关阅读材料。同时，学生通过不同形式，实现本次课程资料的收集和汇总，形成最终研学成果。

（一）文本撰写

对于高中学生而言，课题研究报告是研学旅行学习成果的主件，是每个同学必须完成的任务。研究报告的撰写必须满足规范性、科学性、创新性和逻辑性的要求。

（1）研究报告的规范性是指研究报告的结构规范，内容表达符合课题研究报告的一般范式，报告内容完整。

（2）研究报告的科学性是指数据信息等论据材料准确，论证严密，结论和依据具有可靠的相关性和因果关系。研究方法的选择适当，应用规范。

（3）研究报告的创新性是指课题选题新颖，研究成果或结论具有创新性。

（4）研究报告的逻辑性是指课题研究计划条理清楚，过程严密，思路清晰，语言表达准确流畅。

初中学生可以以研究报告作为成果主件，但要求相应降低，也可以以研学旅行活动总结作为成果总结。

小学生可以以作文作为成果主件,也鼓励撰写其他文本类成果,如随笔、散文、游记等,并在成果展示时设置相应的展示类别。

(二)影像类成果完成后期的编辑加工

把研学旅行过程中拍摄的照片、视频等资料进行编辑加工,选出有代表性的照片,编辑具有典型性的视频资料,准备交流展示。

(三)制作类成果完成标签说明

对在研学旅行过程中参加手工活动制作的手工艺品,在研学旅行过程中采集的标本、采购及收集的有代表性的纪念品等进行筛选,选出有代表性的成果,做出文字说明,制成标签,准备展示交流。

"研学游",如何实现"研学优"

探历史古迹、览山川湖海、访知名学府……近年来,以"读万卷书 行万里路"为主题的研学游广受欢迎。进入暑期,研学游更是迎来旺季。

2023年6月,中共中央办公厅、国务院办公厅印发《关于构建优质均衡的基本公共教育服务体系的意见》,提出"加强劳动实践、校外活动、研学实践、科普教育基地和家庭教育指导服务中心、家长学校、服务站点建设",研学实践基地位列其中。此前,教育部等11部门印发的《关于推进中小学生研学旅行的意见》指出,研学旅行是一种"研究性学习和旅行体验相结合的校外教育活动",要求各地结合实际,促进研学旅行和学校课程有机融合。

作为学校教育和校外教育衔接的创新形式,研学实践能让学生们在"行走的课堂"中增长见识、收获新知。而日益升温的市场需求,也对研学实践的规范经营、内容提质等方面提出了更高要求。

当前,研学市场繁荣发展的同时,也有家长反映,部分研学旅行机构存在定价随意、安全难保、资质不全、游而不学等问题。"孩子去西安研学5天费用6080元,还不如我们之前带他去旅游的收获多。"前不久,家住北京的家长默默(化名)让孩子参加了一次研学游行,研学的实际情况和宣传中的相去甚远。在旅游行业从业数十年的张华(化名)说:"一些研学旅行打着'研学'的旗号,价格是普通旅游团的2—3倍。"更有一些研学机构与小型、非正规旅行社合作,将项目外包,质量和体验都难以有保证。

在业内人士看来,研学市场的良性发展,离不开行业规范的健全和专业人才的培养。2022年,《中华人民共和国职业分类大典(2022年版)》增加了研学旅行指导师这个职业。研学旅行指导师应接受何种培训、具备哪些素养、如何取得资质,尚需进一步论证实践。

当前,部分地方已逐渐开始对研学旅行进行更为详细的监管和指导。例如,山东省曲阜市制定了《推进中小学研学旅行工作实施方案》,建立健全相关的评估和考核机制,要求学校必须确保研学活动的安全性和有效性。"学校可进行专门的研学培训,增强教师在研学设计与组织、风险管理、团队合作等方面的知识和技能,确保活动的安全、有效和可持续。"曲阜市副市长说。

为进一步规范研学质量,合肥市文化和旅游局联合教育局,实地察看研学路线,并且要求研学基地导师现场演示研学课程。以合肥铭传故里为例,研学基地不仅结合刘铭传的英雄事迹,设计开发了一整套具有爱国主义教育特点的研学课程,还把周边农村纳入研学游的线路中来,结合乡村振兴主题,拓展和丰富研学内容。

"在研学旅行的理念构想、项目运营、产品设计、课程研发、营销推广、基(营)地运营管理等多个环节,仍需要多方合力,共同助推研学市场高质量发展。"中国旅游研究院产业研究所副研究员说。目前,研学产品的质量正不断提升,课程化开发日趋专业,"期待学校、教师和更多专业人士的加入,让孩子获得更好的系统性知识和旅行体验"。

(资料来源:中华人民共和国教育部"研学游",如何实现"研学优"http://www.moe.gov.cn/jyb_xwfb/s5147/202308/t20230821_1075360.html,有删改。)

规范研学旅行课程的组织与实施,是当下研学旅行课程活动开展的重要内容,在热度攀升的研学实践中,需有各方力量共同支持,也需各方力量在热度中精心保障研学旅行课程组织与实施的质量,以促进研学旅行市场向好发展。

 本章小结

本章主要学习了研学旅行课程组织与实施的基本要求,以及研学旅行课程的准备、实施和课后阶段内容。

课后作业

1. 研学旅行的学校行前课程准备有哪些内容,请简述。
2. 研学旅行课程的实施阶段,研学导师这一主体对待学生要注意哪些方面的问题。

第六章
研学旅行课程资源设计与开发

本章概要

本章主要阐明研学旅行课程资源的概念、类型、特点和基本要求,了解研学旅行课程资源设计与开发的原则,熟悉研学旅行课程资源设计与开发主体,掌握研学旅行课程开发步骤和研学旅行课程开发的途径。

学习目标

知识目标:
1. 掌握研学旅行课程资源的相关概念;
2. 熟悉研学旅行课程资源开发与设计的原则、主体;
3. 了解研学旅行课程开发步骤、途径。

能力目标:
1. 能够发掘身边可作为研学旅行课程资源的事物;
2. 能够分析现有的研学旅行课程开发步骤和途径。

素养目标:
1. 研学旅行课程的资源开发与设计中通常涉及人与环境的关系,让学生了解到环境保护的重要性,同时学会保护环境,减少资源浪费;
2. 能够尊重不同的民族文化、地域文化,热爱生命。

章节要点

研学旅行课程资源;研学旅行课程资源设计与开发原则;研学旅行课程资源设计与开发主体;研学旅行课程开发步骤;研学旅行课程开发的途径。

研学旅行课程设计与开发

知识导图

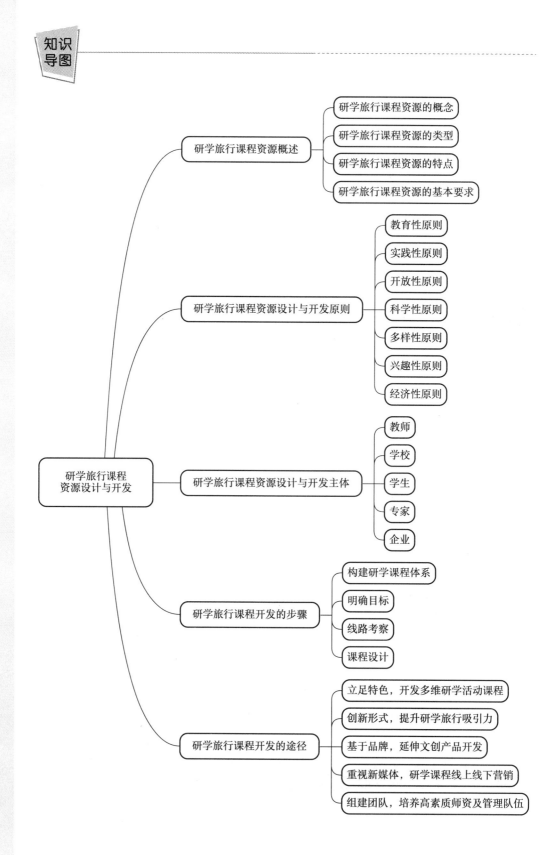

第一节　研学旅行课程资源概述

一、研学旅行课程资源的概念

研学旅行课程资源的概念有广义与狭义之分。广义的研学旅行课程资源指的是有利于实现研学课程目标的各种因素。

资源就其本义而言是某种物质的天然来源,是本身具有的,研学旅行课程资源是客观存在的各种事物。课程是教育系统中的基本要素,是为实现教育目的而服务的。虽然目前对课程的定义存在分歧,但是在"课程目标指向学生发展""课程内容富含教育性"等方面的认识却是被广大教育工作者所认同的。因此,研学旅行课程资源一定是能够为教育服务的、有利于研学旅行课程实施和教育目标实现的。

狭义的研学旅行课程资源仅指的是形成研学旅行课程的直接来源。目前,我们提倡的研学旅行课程资源的开发和利用指的是广义的概念,也就是形成研学旅行课程资源的因素来源和必要直接的实施条件。从研学旅行课程目标实现的角度看,凡是对其有利的所有因素都应该归属于研学旅行课程资源,其中既包括资源包、参考资料、研学旅行基地等物质资源,也包括学科专业、教师、学生、导游等人力资源。对研学旅行课程资源的开发与利用要全面、科学,要使所有这些因素都能很好地为研学旅行课程的实施服务,促使研学旅行课程目标的有效实现。

二、研学旅行课程资源的类型

研学旅行作为综合实践活动课程内容,强调带领学生领会感悟完整的生活世界,引导学生从社会生活、民族文化和大自然等的接触中提出有教育意义的活动主题,丰富、广泛的课程资源对于研学旅行课程的设计和实施更加重要。因此,研学旅行课程资源可以物质资源、文化资源、人力资源等类型进行具体划分。

（一）物质资源

研学旅行课程的物质资源包含自然资源和社会资源。

1. 自然资源

自然资源涉及各种自然现象和自然条件,自然现象如气候变化、动物迁徙、大气循环等都可以成为学生研究的对象。学生可以从中发现与自然有关的问题,例如,某地区植被的特点、降雨量的变化等自然因素都能成为综合实践活动的自然资源。

我国首批四家"气象研学旅游营地"挂牌成立

随着文化和旅游融合的不断深化,研学旅游已成为文旅产业发展的重要领域。而气象研学旅游就是以气象为主题,以传播气象科学知识、推广气象科学技术为主要目的的旅游形式。2023年5月31日,在广东茂名举办的中国气象服务协会气候康养旅游产业发展大会上,首批"气象旅游研学营地"正式授牌。广东茂名气象旅游研学营地、安徽黄山气象旅游研学营地、陕西商洛气象旅游研学营地、陕西安康蒋家坪景区气象旅游研学营地获此殊荣。会上,中国气象服务协会常务副会长还为首批首席气象研学导师颁发了聘书。

为推进气象旅游研学营地发展,茂名市气象局打造了以气象发展历史、气象知识百科、气象灾害大事记及防灾减灾体验几大模块为重点的研学内容。学生可以亲手触摸各种气象仪器,亲自操作人工增雨设备,体验气象播报等。通过模拟场景、互动体验等形式宣传气象知识,引导学生感知、探索奥秘的气象科学世界,实现了研学教育与科普设施的有机结合。

安徽黄山气象旅游研学营地充分发挥"五岳归来不看山,黄山归来不看岳"的盛名,开展气象研学旅游活动。参加黄山气象旅游研学除了可以饱览黄山的秀丽风景,还能对山区季风气候有着更直观深刻的了解,欣赏到由这种气候带来的云海、冰雪、日出、佛光、彩虹等天气气候景观。掌握了这些知识,学生的黄山之行也会产生全新的游览意义。

"秦岭和合南北、泽被天下。商洛处于秦岭腹地,境内海拔落差超2000米,资源分布丰富。我们正在建设秦岭博物馆,孩子们在这里可以直观了解秦岭在古气候和现代气候变化中间扮演了什么角色。我们还要打造金丝峡气候博物谷,让孩子在谷中体会气候对植被景观的影响。"陕西省商洛市气象局局长说起当地的气象研学资源滔滔不绝,他表示气象旅游研学不单要让学生了解天气发生的机理,更重要的是了解秦岭生态保护与气候之间的关联,从小树立保护青山绿水的理念。

蒋家坪景区位于安康老县镇西南部,这里山环水绕、空气清新、风景秀丽。清晨,从凤凰茶山俯瞰黄洋河,云雾缭绕、层峦叠嶂。通过研学之旅,学生们可以体验茶叶采摘、制作;在水保科普园观测水土流失过程;在径流小径观测模拟人工降雨。同时,了解气象对茶叶生长的影响,感受气象科技是如何支撑特色农业发展的。

2. 社会资源

社会资源涉及各种社会因素、社会条件和基地资源。研学旅行课程的社会资源除了工厂、农业基地、高等院校外,还包括博物馆、工业旧址、福利院等。考察社会资源是研学旅行活动中的重要内容,由此可以开发出多样的社会问题探究、社会调查等活动或课程。其次基地资源也是社会资源中的内容,教育部等11部门印发的《关于推进中小学生研学旅行的意见》明确规定要将研学旅行纳入中小学教育教学计划,要加强研学旅行基地建设。要根据研学旅行育人目标,结合域情、校情、生情,依托自然和文化遗产资源、红色教育资源和综合实践基地、大型公共设施、知名院校、工矿企业等,遴选建设一批安全适宜的中小学生研学旅行基地。

如某中职在三都县贵州水族文化博物馆开展以"探寻多彩水族文化"为主题的研学课程,通过博物馆讲解员讲解和学生个人体会,帮助学生丰富对不同事物认知,掌握文化遗产的丰富内涵。贵州水族文化博物馆是中国首个以展示中国水族历史与文化为主题的民族类专题博物馆,是水族文化发展的象征和文化建设的重要标志。馆内设有两大展区、六大板块、31个展位,以图片、文字、实物等多种形式结合来展示水族概况、美丽家园、民族历史与社会发展、水族文化、习俗与节日、欣欣向荣的水家新貌六部分内容。

(二)文化资源

民族文化、文化遗产、现代信息技术、社会文化等都属于文化资源的范畴。我国悠久的历史文化和多样的民族文化造就了如今的文化传统、民俗习惯、民间艺术、红色历史等,这些都是研学旅行活动宝贵的课程文化资源。

文化遗产可以依托各类文化馆、博物馆、非物质文化传承场所,设计开发为研学旅行课程资源。如草编是我国传统的编织手工艺品,它主要是以一些柔韧的草茎或者一些草本植物作为原材料进行简单加工编制的生活用品和手工艺品。岭南地区因地域优势,拥有丰富的草编原材料资源,编织手法独树一帜,编织种类繁多。广东东莞是传统草编产业的发源地之一,东莞市道滘镇文广中心有专门展示莞草编织的区域,对莞草编织的历史及工艺进行详细介绍,展示曾经创造了无数经济价值的莞草编织的辅助工具,如纺草绳机、草席编织机、自制草绳垫辅助框、各种形状的编织辅助模具等。草席是莞草编织技艺的代表,尤以厚街的芥黄席最为著名。周边许多学校将"草编"的历史文化、工艺等作为研学旅行课程资源,开发设计相关研学旅行课程。

(三)人力资源

中小学校是综合实践活动课程实施的主体,研学旅行作为综合实践活动课程的内容,其人力资源包括校内人力资源和校外人力资源。校内人力资源有学生、校长、教师以及学校内其他的工作人员。校外人力资源有学生家长、研学旅行指导教师或辅导员、与研学课程内容有关的专家和社会相关人员。社会相关人员是一种庞大的人力资源，在研学旅行中遇到的所有人都可以成为研学旅行的人力资源。在人力资源开发上，还可以关注具有某方面技能的专业人员，例如，专家学者、工人、农民、革命老战士等，学生在研学旅行中遇到的商贩、路人、司机等也是可以挖掘的人力资源。

目前，很多学校实施研学旅行课程采用购买教育服务的方式。研学旅行机构会提供指导教师或辅导员，这些人员具备比较丰富的有关研学对象的相关知识，能承担一定的讲解和指导工作，但教育方面是弱项。因此，学校教师，尤其是综合实践活动教师要负起指导学生开展研学活动的责任，各学科教师要发挥专业优势，承担起相应职责。学校教师是学生研究课题的指导和研学旅行课程实施中重要的人力资源之一，只有学校教师全员参与指导和管理，才能保障研学旅行课程的实施质量。

综上所述，我们要善于发现资源，深入了解研学旅行课程资源的内涵，从而深度开发利用课程资源。但需要明确的是，人、物质和文化是难以分开研究的，研学旅行课程资源的每一项内容是综合的。例如一个文物，它是物质的，是文化的，更是物质与人文和科学技术的综合体。

三、研学旅行课程资源的特点

研学旅行课程资源是富含研学课程潜能的、客观存在的广阔自然资源和社会资源，其与研学旅行课程存在密切关系，在研学旅行课程开发和实施中具有重要的地位和作用。

（一）多样性

研学旅行课程资源不局限于文本资源，也不仅限于学校内部。研学旅行课程资源涉及学生学习与生活环境中所有有利于研学旅行课程实施、研学旅行课程目标实现的教育资源，它范围广、类型丰富、数量庞大。因此，研学旅行课程资源具有多样性的特点。在不同地区、不同学校，可供开发和利用的课程资源不同，其构成形式和表现形态也大不相同。在不同文化背景下，由于价值观念、风俗习惯、道德意识等具有差异性，所以其认定的课程资源也各具特色。由于不同主体的人生经验、受教育水平、价值观存在差异性，对课程资源的筛选和评价也不同，从而形成了课程资源开发利用形态的多样性。

（二）间接性

研学旅行课程资源具有间接性的特点，有相当一部分研学旅行课程资源在研学旅行课程设计之前就已经存在，它具有转化为研学旅行课程或支持研学旅行课程实施的可能性，但还不是现存的研学旅行课程或还未具备实现研学旅行课程实施的条件。研学旅行课程资源的教育性不像学校的标准学科课程那么明显、直接，有时研学旅行课程资源中的教育性因素与非教育性因素可能交织在一起。因此,研学旅行课程资源要经过筛选、转化,才能成为研学旅行课程的基本条件,才能推动研学旅行课程的实施。

(三)潜在性

课程资源的潜在性是指课程资源要有开发的价值和效益,是准许被开发和设计使用的。研学旅行课程资源同其他一切功能性资源一样,无论存在形态、结构、功能还是价值,都具有潜在性,必须经过研学旅行课程实施主体进行开发利用并加以赋值,才能转化为现实的课程资源,从而发挥课程作用和教育价值。

(四)可开发性

研学旅行课程资源是客观存在的各种事物。与学校的标准学科课程相比,它们不一定是系统的、规范的、专门的,但是研学旅行课程可以依据一定的目的对研学旅行课程资源进行选择、改造并加以利用。相同的研学旅行课程资源由不同的主体进行开发与利用,因主体的课程观、知识能力水平、实践经验等因素不同,在开发的广度和深度上,达成研学旅行课程目标的效果上,都会有很大的差别。这表明研学旅行课程资源是可以开发与利用的,对客观存在的研学旅行课程资源的开发与利用取决于人的主观能动性。

(五)动态性

研学旅行课程资源存在人为选择上的不确定性。不同区域的区位条件、自然环境、经济水平、民族文化和社会条件等,都影响着研学旅行课程资源的客观存在和动态发展。在不同的发展阶段,研学旅行课程资源的内涵、内容及外延都不同,课程资源本身也是一个与时俱进的发展过程。研学旅行课程资源是需要被考察和被审核的,是动态的,也是开放的,同时又具有较强的情景性,因而必须针对具体的时空条件和情景进行选择设计、开发和利用。

四、研学旅行课程资源的基本要求

(一)有研学价值

研学旅行作为一门课程,要有教育意义,要完成一定的教学目标,因此研学旅行课程资源也必须具有教育意义,能通过组合成为研学课程的一部分。没有教育意义、不能为研学旅行课程实施所开发和利用的,不能称为研学旅行课程资源。比如民族文化古村落、博物馆等,有教育意义,可以给学生带来收获,是有研学价值的课程资源。

(二)能对研学人员产生吸引力

有研学价值的资源很多,但不是所有有研学价值的资源都能成为研学旅行课程资源,只有对研学人员产生吸引力、符合研学旅行课程要求、能够促使研学旅行课程达到课程目标的资源才能成为研学旅行课程资源。由于大多数学生的研学旅行由学校或研学旅行机构负责组织。因此,研学旅行课程资源首先要吸引学校和研学旅行机构的目光,对其产生吸引力,才有可能被开发为研学旅行课程资源。

(三)能被相关产业和机构开发利用

不能开发、不能利用的事物无法成为研学旅行课程资源,如交通不便或未能通车的地方,无法解决吃、住等基本生活需求的地方,资源再好,也无法安排学生去开展研学旅行课程。

第二节 研学旅行课程资源设计与开发原则

面对丰富的研学旅行课程资源,如果没有合理地设计与开发,就很难有效地开展实施研学旅行课程,因此要依据相关原则对研学旅行课程资源进行设计与开发。

一、教育性原则

不是所有的旅游资源都能成为研学旅行课程资源,直接将旅游资源转化为研学旅行课程资源进而转化为课程内容,这样的研学旅行课程资源开发思路是错误的。在研学旅行课程资源设计与开发中,首先,要注意研学旅行课程的内容,应追求其教育功能、教育性原则,因此研学旅行课程资源的开发与利用要围绕课程的教育目标进行,要深入挖掘课程资源的教育价值,一切有违于教育目标的资源或内容,都不能纳入研学旅行课程中。其次,还要注意内容开发的角度,对于处于世界观形成阶段的学生来说,他们更需要在心中播下共产主义信仰的种子,因此相关资源的开发要严谨。同时,对于学段较高的学生,其认知水平较高,对知识的吸收也较快,在研学旅行课程的开发和设计过程中可以从历史、文化、艺术的角度让学生去考察探究,以实现研学旅行课程的教育目的。

二、实践性原则

研学旅行课程资源的开发,必须以综合实践活动课程的基本理念为指导,坚持课程资源开发的实践性原则。在选择与开发课程资源的过程中,应从课程目标的整体性和实施过程中学生的实践性入手。各学段、各种类型的活动资源开发都要通过让学生亲历的形式,让学生在参观、考察、实验、设计、创作、反思与交流的过程中,实现体验、体悟、体认,全身心地参与到考察、探究等活动中,发现、分析、解决问题,感受生活,体悟社会现象,提升创新能力,在实践中增长见识。如对于博物馆资源,不能停留在让学生听讲解和走马观花的参观层面,要让学生带着研究的课题或问题参观,将博物馆中丰富的文化内容转化成学生的实践活动内容。

三、开放性原则

研学旅行课程资源的开发与利用过程中,要以开放的心态对待自然资源、社会资源成果,尽可能开发与利用有益于教育教学活动的一切课程资源。研学旅行课程资源开发与利用的开放性包括类型的开放性、空间的开放性和途径的开放性。类型的开放性是指无论以什么类型、形式存在的课程资源,只要有利于提高研学课程教育教学质量和效果,都应是开发与利用的对象;空间的开放性是指无论校内还是校外,城市还是农村,只要有利于提高研学课程的教学效果,都应加以开发和利用;途径的开放性,是指应探索多样的课程资源开发与利用途径,促使各类课程资源的使用具有协调性,不能只局限于单一的课程资源的开发与利用模式。要有开放的研学旅行课程视野,摆脱传统的唯教材论的模式,在师生平等交流的基础上,鼓励学生自主探究,尤其是创新利用地域文化资源。营造开放型研学课堂,构架起学校生活与社会生活、人文环境沟通的桥梁,真正跨越传统意义上的狭隘课堂,使得研学旅行课程资源更加丰富,基础教育课程改革的理念得以贯彻。

四、科学性原则

研学旅行课程资源开发与设计的科学性体现在两个方面:一方面是课程资源开发要符合学生的认知特点,同样的资源,对于不同年龄段的学生,课程资源开发的深度和广度会有所不同;另一方面,课程资源的开发和利用需要充分考虑学生现有的知识、技能和素质背景,充分考虑学生现阶段的学习能力和需要。科学性原则要求课程资源内容既要适合某一特定群体学生的一般发展水平,又要适合该群体内个别学生的发展水平。总的来说,研学旅行课程资源的内容选择要与中小学生的身心发展水平相适应,遵循由近及远、由简入繁、由易到难的顺序。各个阶段之间的过渡要尽可能平缓,要让新的内容自然地从学生已经学过的内容中体现出来。

五、多样性原则

研学旅行课程资源的开发与设计要坚持多样性原则。依据选择的课程资源,以教学内容、方法和师资情况为基础,结合学生的认知能力、身心特点、接受能力和实际需要,注重系统化、知识化、科学化和趣味化,以一体化课程资源的发展思路,依据课程资源的不同层次、不同环节、不同因素围绕一个或多个主题进行有机的衔接与整合,将资源与资源串起来,衔接学段、校内课程与师资等,综合性地开发课程资源。研学课程资源的多样性体现在资源的地域差异化、城乡差异化和学校差异化三个方面。我国地域之间的研学课程资源差异很大,在种类、存在状态和结构上都有较大的差异。因此,课程资源的开发要因地制宜,呈现地域特征,保持不同地域之间研学旅行课程资源的多样性,体现出地域资源开发和利用的特色。

六、兴趣性原则

兴趣性原则是指研学旅行课程资源的开发与利用一定要考虑到学生的兴趣。兴趣是最好的老师,心理学研究表明,兴趣表现为人对周围世界的事物和现象的某种选择倾向,它不仅是研学旅行课程得以顺利开展的基本前提,也是进行研学旅行课程资源设计与开发的基本保证。研学旅行课程资源的开发以学生的兴趣为依据和条件,也促进学生的兴趣不断丰富和发展。学生往往是从自己感兴趣的问题中提出活动主题,同样,指导教师从学生的兴趣出发,创设一定的情景,提升学生的兴趣,才能达到研学旅行课程资源设计和开发的目的。

七、经济性原则

经济性原则是指在研学旅行过程中通过课程资源开发来实现对其质量和效益的追求。同时,研学旅行课程资源开发的成本也会受到经济性原则的影响。因此,研学旅行课程资源的开发和利用要想尽可能实现其最大的教育功能,需要广泛和深入开发研学旅行课程资源,对各种资源进行整合利用,开展活动要做到资源的效益最大化,体现经济性。在课程实施过程中树立节约意识,尽量就地取材、废物利用、循环利用,从而降低研学旅行课程成本。

第三节 研学旅行课程资源设计与开发主体

研学旅行课程资源开发主体是指在课程资源开发过程中,承担课程资源开发责任的个人或团体。研学旅行课程资源开发主体就是把非研学旅行课程资源变成研学旅行课程资源,或创造出原本不存在的新的课程资源的人或团体。研学旅行课程资源开发应该是多主体共同作用的过程,每个主体在研学旅行课程资源开发过程中都发挥其独特的作用,每个主体所承担的责任各不相同,但是他们责任履行的情况都影响着整个研学旅行课程资源的开发过程。可以说,研学旅行课程资源开发的主体是整个课程资源开发过程中的灵魂。研学旅行课程资源的开发主体呈现出不同的特征:国家和地方对研学旅行课程资源开发进行宏观层面的把握与指导,学校进行中观层面的把握和指导,教师和学生进行微观层面的把握。此外,专家、社会等其他开发主体也是研学旅行课程资源开发中不可缺少的。

一、教师

在研学旅行课程中,教师作为研学旅行课程资源开发的主体承担着多种责任。教师既可以成为研学旅行课程资源的组织者,也可以成为研学旅行课程资源的管理者;既可以成为研学旅行课程资源开发的指导者,也可以成为研学旅行课程资源的参与者。研学旅行课程资源的组织、管理、指导与参与都是教师的基本工作。需要注意的是,研学旅行教师作为研学旅行课程资源开发的主体与普通教育领域的教师作为课程开发的主体,所要完成的基本任务或基本工作大体相同,普通教育领域中的教师主要进行普通文化课程资源的开发,而研学旅行教师主要进行研学旅行课程资源的开发。

研学旅行教师作为研学旅行课程资源开发的主体发挥着极为重要的作用,教师不仅决定着研学旅行课程资源的鉴别、开发和利用,还在开发、利用研学旅行课程资源上发挥着重要作用。同时教师利用自身的知识技能和对资源的认知程度,帮助学生进行课程开发。教师在帮助学生开发课程资源的同时,要保持一种合作意识,与学生共同积累、开发并利用各种研学旅行课程资源。

要充分发挥教师在研学旅行课程资源开发中的主体作用,必须对教师进行培养,具体表现如下。

1. 提升教师自主开发研学旅行课程资源的意识

我国传统的课程资源主要指的是教材,很多教师对研学旅行课程资源认识不足。研学旅行课程作为一种实践活动性的课程,对教材的依赖性不大,因此要加强教师自主开发研学旅行课程资源的意识。加强教师的主体性意识,其一,要树立正确的课程资源观,课程资源观指的是对课程资源的态度和看法。课程资源观直接影响人们认识和开发课程资源的积极性,也影响课程资源开发的程度和效果。可以说,课程资源观对教师开发研学旅行课程资源起着导向、维持和监督作用,成了影响研学旅行课程资源有效开发和利用的关键因素。其二,研学旅行课程资源具有丰富性,它们无处不在,教师只有主动地去发现才能获得。

2. 提高教师研学旅行课程资源的整合能力

研学旅行课程资源的丰富性决定了教师在课程资源的开发中,必须要注意其适用性。研学旅行课程资源开发的目的并不是让开发本身更为完善,而是助力研学旅行课程能更好地进行。研学旅行课程资源仅仅作为一种课程实施手段,当教师获取了多种课程资源以后,可根据一定的标准,将其整合分类,最终以完备的形式展现给学生。

3. 培养教师开发课程资源的能力

教师是否具备足够的研学旅行课程资源开发能力,是推动研学旅行课程实施的关键。研学旅行课程资源无时无处不在,这就需要教师善于捕捉资源,运用巧妙的手段将其运用到研学旅行课程中,使之成为学生掌握知识、提高能力、培养情感的逻辑起点,成为教师调整课程进程、实现学生主体性发展的动力资源。

二、学校

学校是研学旅行课程资源开发的另一主体。一方面,要开发好校内人力、物力和财力资源,把校内研学旅行课程资源与学校的发展紧密结合起来,充分发挥实验室、实训室等的作用。同时,要结合本校传统和优势,着眼于学生兴趣、需要和特长,关注他们的个性发展,并体现教师的自主性和创造性,开发适合本校学生、教师发展的研学旅行课程资源。另一方面,学校应当主动联系当地企业、博物馆等,积极打开校外研学旅行课程资源,并将他们与校内课程结合,使校外课程资源成为校内课程资源源源不断的动力。因此,学校承担着不断开发与吸引各种新的研学旅行课程资源,并将其进行总体规划、开发、指导、管理与监督,转变为现实课程,以保证课程目标顺利实现的重要责任。

三、学生

学生是研学旅行课程的最终受益者,无论是研学旅行课程开发还是研学旅行课程资源开发,最终都是为学生的身心健康成长与发展服务的。在传统的教育观念中,学生被视为教育活动的主体,学生的基本任务就是把以课程为名称的知识全部装入大脑中。也就是说,学生在面对课程、课程资源时是被动的,学生没有选择课程与开发课程资源的权利。而研学旅行课程资源的开发要以学生为本。

一方面,学生是研学旅行课程活动中不可或缺的要素。学生已有的知识结构、人格品质以及学习主动性都是研学旅行课程活动中的基本资源。他们的经验是一种资源,是进行教学的起点;他们的兴趣是一种资源,是学习的动力;他们之间的差异也是一种资源,有助于发现学生的潜能。学生在课程中表现出自己的思想,提出自己的需要,完成学习任务,这些都是教师所面对的课程资源,同时也是对教师开发课程资源的一种反馈。

另一方面,在信息化时代,学生所能获得的课程资源远超过去。学生能够通过多种途径获得课程资源,这构成学生开发的课程资源的一部分。这部分课程资源完全是学生依据自身的学习需要,自主探索开发出来的课程资源。由于学生在认识上不彻底,在经验水平、知识状况、思想状态、情感意识等方面的不完善,教师在帮助学生开发课程资源的过程中,应当给予学生一定的指导、鼓励,引导他们正确地进行研学旅行课程资源开发,以充分展现学生在研学旅行课程资源开发中的主体性,并培养学生的自主探索和创新能力。

四、专家

专家作为研学旅行课程开发主体是教育历史中一直存在的基本认识与现实,这里的"专家"是指旅游业专业人士、民族手工艺品制作者、非遗传承人等。专家作为研学旅行课程资源的开发主体，其自身就是研学旅行课程资源中重要的人力资源。一方面，专家有丰富的专业知识和经验，在其领域有着丰富的结构化知识。因此，他们在参与研学旅行课程资源开发的过程中，可以不断地更新自己的知识结构、技能结构，以便在课程实施过程中，不断地开发新的课程资源，促进学生的发展。另一方面，专家作为研学旅行课程资源开发的特殊主体，能够帮助学校和研学机构开发新的研学旅行课程人力资源。

五、企业

企业是研学旅行课程资源开发中的重要主体，这是研学旅行课程建设的特殊部分。企业作为研学旅行课程资源开发主体的必然性表现在以下方面：其一，企业作为经济实力的象征，能为研学旅行课程资源的开发提供一定的经济支持。其二，企业的生产场地等可作为研学旅行课程资源，企业可以根据其自身，依据其专业，开发相应的研学旅行课程资源。

综上，研学旅行课程资源开发的主体是多元的，各个主体都有各自明确的开发任务。这五个主体之间不是独立为营的，而是一个相互联系的整体，是为了实现共同目标而奋斗的研学旅行课程资源开发系统。既然是一个系统，那么，只有系统的各个要素以最有序的方式排列在一起，并合理运行，系统功效才能达到最大。因此，研学旅行课程资源开发的各个主体之间必须要形成一种良性的运作，并不断地从所在环境里汲取新鲜的资源作为补充，从而使整个系统达到一种良性、有序、开放的循环。

第四节 研学旅行课程开发的步骤

研学旅行课程开发需要遵循一定的开发步骤，步骤的建立可以让研学课程开发更有效率，同时也保证了课程开发质量的标准化。根据不同的开发主体，课程开发步骤有所区别，但大致相同。以下开发流程是以学校为主体组织进行。

一、构建研学课程体系

根据研学旅行课程开发原则以及国家研学课程开发政策指导要求，依托地域特色，从学校实际情况出发，逐步建立小学、初中、高中不同学段层层递进的研学旅行活动课程体系。根据教育部等11部门印发的《关于推进中小学生研学旅行的意见》，研学课程体系应按照不同学龄进行如下划分：小学阶段学生知识基础薄弱，好奇心强，研学旅行课程体系构建应偏向知识科普、自然观光和乡土乡情方面；初中阶段学生知识掌握逐渐丰富，研学课程体系构建应偏向知识科普、体验考察、县情市情和励志拓展方面；高中阶段学生心智逐渐成熟，拥有较丰富的知识积累和生活经验，研学课程体系构建应偏向体验考察、省情国情和励志拓展方面。

二、明确目标

课程目标是构成课程的第一要素,也是课程开发的方向和灵魂。制定课程目标必须依据研学旅行课程标准、研学的具体内容和学生学情特点进行全面、具体、恰当的制定。

(一)研学课程总目标

总目标是所有研学旅行课程开发的基本依据,在课程内容的选择、课程标准的制定上都发挥着指导作用。研学课程总目标的实现需要经过多次研学旅行活动的实践,并不是通过一两次研学就能实现。研学旅行课程总目标要始终围绕使学生亲近和探究自然,接触和融入社会,关注和反省自我,体验和感受集体生活为总方向,使中小学生通过研学旅行养成价值认同、实践内化、身心健康、责任担当等素质能力。研学旅行课程是研学旅行的重要组成部分,课程总目标的制定直接关系到研学旅行的实际效果,因此课程开发前要准确把握课程总目标。

(二)主题课程目标

为实现总体目标,需要围绕总体目标设计一系列的主题课程。其中一条路线课程应该对应一个课程主题,主题课程目标根据具体学习资源的不同会有所区别,但主题课程目标应体现科学性、合理性和可行性,并且每项主题课程目标都应立意高远、目标明确,这也是研学旅行区别于游览观光,能够取得课程教育效果的重要基础。

(三)课程项目目标

课程项目目标是对主题课程目标的细化,是为了促进主题课程目标而设计的目标。主题课程由多个与主题相关的项目组合而成,根据国家对研学课程项目类别可划分为:以培养学生生存能力和适应能力为主要目的的健身项目;以培养学生自立能力和动手能力为主要目的的手工项目;以培养学生的情感能力和践行能力为主要目的的健心项目。

三、线路考察

在研学目标的指导下,研学课程主题的确定既要符合国家要求和标准,又要立足学校实际情况,更要依托于周边可利用的研学资源。因此,前期调研和细致的路线考察是科学制定研学课程的前提,也是安全顺利实施课程的重要保障。

(一)前期调研

前期调研主要是对学校课程开发需求和研学资源条件展开调查,为研学旅行课程设计奠定扎实的基础。学校需求调查主要是了解研学旅行课程与学校特色发展需求是否吻合,了解学生学情,包括学生的知识基础和知识结构、已有的生活经验、学习特点与学习方式、兴趣爱好等,从而开发与学生发展需求相吻合的研学课程。研学资源调研主要是学校对可能作为研学课程开发运用的资源进行初步调查和分析。

(二)实地考察

通过前期调研明确学校特色定位和学生需求后,对研学旅游资源有了初步的了解,在进行实地考察时,可将安全、环境良好、成本合理、距离合适的地点进行有效筛选,确保整个行程连贯紧凑。

在进行实地考察时应完成以下任务:一是准确界定景区或研学实践教育基地的资源属性,进一步了解资源的实际情况,对资源进行综合考量,详细了解资源情况,尝试设计研学课程项目内容;二是确保资源的安全性,需全面考察、分析和判断资源的可利用性和可行性,重点评估资源的安全性;三是确保课程实施的时间长度;四是确定课程实施的物质条件;五是做好各单元之间的交通保障;六是确定课程实施的最佳路线;七是确定课程实施方式;八是对拟入住的酒店进行考察;九是做好旅行饮食规划;十是与地接导游及景点讲解员进行课程实施方面交流;十一是进行各种资源图文信息的收集,为课程设计和研学手册制作准备材料。考察结束后,要形成详细的考察报告,报告内容包括课程构思、考察详细内容及资料收集等。

四、课程设计

(一)分析取舍

通过前期调研和实地考察后对收集到的信息进行分析取舍,根据课程主题选择合适的内容,剔除与项目无关的内容。注重从学生的需求出发,结合学生的兴趣、爱好程度,以及学生学习情况来考虑学生的研学需求,从而剔除掉与学生不相关的内容。在充分考虑距离和项目安全的基础上对研学目的地和内容进行取舍。

(二)编排线路

根据分析整理取舍后的内容和项目设置一条完整的线路,只有经过合理编排的线路才能变成一个完整成型的主题研学课程,线路编排过程中要注重新线路编排的科学性和合理性,做到合理有效。

1. 资源丰富

一条好的研学旅行线路往往不是单一的资源,而是由资源链组成。资源链接的地点、地点之间的距离、资源类型、各资源类型之间的关系,是一个选择或设计的过程。

它可以是基于某种资源类型的集合,让学生体会同类资源的丰富性;也可以是同主题下异质资源的组合,让学生体会从不同角度看待同一问题;它还可以是综合类资源,引导学生从不同角度去探究。当然,好的研学旅行线路上的资源并非是原生态的好,而是需要从利于学生探究学习的角度做设计与改造,提供给学生可以探究学习的机会,可以体验学习的空间。

2. 线路成熟

研学旅行线路选择原则上以成熟线路为主,新线路、尚待开发的线路不确定性因素更多,不便于组织学生团体出游。成熟线路通常表现出经营时间长,认可度高;生活保障条件好,基础设施完善;课程资源丰富,富有特色;服务态度好,服务水平高的特点。在对研学旅行线路进行编排时优先选择较成熟的线路。

3. 特色鲜明

研学旅行线路定位应从国家对学生的学习要求以及学生的学习实际、学习需求出发,巧用当地资源,结合地域文化与资源特点,发挥其不可多得的教育功能,遵循研学旅行教育活动的基本规律,从课标中来,从教材中来,从调研中来,让学生产生震撼感、激发学生的探究欲、求知欲,提高学生参与活动的积极性和主动性,达到寓教于乐的目的。

(三)项目设计

1. 确定项目目标

根据新课标改革三维目标要求,可以将研学旅行课程项目目标具体分为"知识与技能""过程与方法""情感态度与价值观"。三维目标是相互依赖、互相促进、不可分割的有机整体。

知识与技能:学生通过该节课学习需要掌握的知识和技能,包括科学知识、信息知识、基本技能、智力技能、动作技能和自我认知技能等,技能需要在知识积累的基础上进行实践和训练才能转化,因此在研学设计过程中要将知识贯穿在研学的整个过程,在为学生提供丰富知识的同时,为学生提供知识转化为技能的实践机会,目的是让学生"学会"。

过程与方法:学生获得新知识的载体,强调项目内容完成的梯度性和可完成性,注重安排的科学性和合理性。对于学习方法强调的是方法的综合性,注重学习与合作、听讲与讨论、体验与探究的综合运用,立足于让学生"会学"。

情感态度与价值观:落实过程与方法的前提,通过将情感态度与价值观融入研学旅行各个环节,潜移默化影响学生的世界观、人生观和价值观,立足于让学生"乐学"。

2. 项目内容设计

项目内容设计是基于课程目标进行的设计,是课程主题特色的具体表现。项目内容设计要注意以下几点：其一，要明确重点难点，把握课程的核心内容，突出课程主题；其二，要确保参与性，设计时要考虑学生的参与机会，做到全员参与、全程参与、全身心参与；其三，要突出探究性，探究是研学旅行活动的手段和途径，是学生发现问题和解决问题的过程，通过研学旅行项目内容的设计，引导学生自主探究、独立思考；其四，要注重项目导入的形式，好的导入才能吸引学生注意，提高学生参与活动的积极和主动性，为实现课程良好的效果奠定基础。

研学手册的编制，要在研学课程设计基础上结合学生的年龄特点、心理特点和审美口味，让学生有兴趣去自主认知、体验学习。为保证研学旅行课程的顺利开展，还应制定研学旅行项目安全保障方案。安全始终是研学旅行活动开展的第一位，对于研学安全保障必须成立安全维护领导小组，通过明确分工，制定研学安全实施措施、安全预案、安全预警等，履行安全审批和安全教育规定，确保研学安全开展。

（四）项目评价

研学旅行的目的不是旅游，而是研究性学习，通过项目评价能有效了解学生项目研学的学习情况。项目评价通过参考研学旅行评价标准体系和评价方式进行设计，有利于促进项目内容的修改和完善，从而不断提高研学旅行课程质量和实施的效果。

（五）课程审定

研学旅行课程开发完成后，学校应组织专家召开专题会议进行审核，根据国家和地方研学旅行相关政策讨论课程设计的可行性、科学性和合理性，审核结束后课程开发组应根据专家审核意见进行修改完善，并报行政主管部门审批通过后实施。

第五节　研学旅行课程开发的途径

研学旅行是综合实践课程的一部分，是学校教育向校外的延伸，是推动中小学素质教育的重要途径。下面从不同角度对研学旅行课程开发的途径进行了阐述。

一、立足特色，开发多维研学活动课程

研学旅行的最终目的是通过参观、实践等方式，提升中小学生的自主性学习、实践性学习以及开放性学习能力，开阔学生视野，提高学生的综合素质。因此，研学旅行课程开发在具有针对性和特色性的同时，还应同时兼备知识的深度和广度。因而研学旅行课程开发应立足特色，开发多维研学活动课程。

开发多维度研学活动课程，一是要深入挖掘本地特色资源，利用地理位置和历史文化背景等优势，打造具有地域特色的研学旅行课程。如利用当地的自然资源、历史

文化、传统手工艺等来设计课程。二是设计体验式研学活动,以体验式的研学活动为主要形式,让学生通过亲身实践、参与感受,深入了解当地的特色资源。如组织学生参与当地的传统手工艺体验,或让学生亲身参与当地的生态保护活动等。三是开发多元化的研学主题,根据不同的学科需求和学生兴趣,设计多元化的研学主题,如自然科学、人文艺术、社会学等,以及不同的专题活动,如户外拓展、文化体验等。四是引入新技术,创新研学方式,如虚拟现实、智能设备等,创新研学方式,以更加生动有趣的方式呈现研学内容,增强学生参与感和学习效果。五是坚持跨界融合开发,通过跨界融合开发逐步构建"研学+"跨界融合研学运行模式。如联合红色旅游、农业、工业、科技等,打造精品研学旅行,并邀请相关专家参与其中,拓展课程深度。

二、创新形式,提升研学旅行吸引力

在研学旅行课程开发过程中,创新形式可以帮助提升研学旅行的吸引力。研学旅行目前常见的方式多为聆听讲座、参观学习、实践体验和分享心得等知识型研学。为更好地发挥研学旅行的价值和职能,可以多维度、多层面、多角度地让研学形式"活"起来。

一是在体验经济时代下,可通过角色扮演、分组模块竞争等互动形式,创造情景,充分调动和激发青少年主动探寻知识的积极性。二是在商业模式上可采用俱乐部服务模式,通过等级证书、联名卡、夏令营、冬令营的营销方式,达到研学传播和复游吸引的目的。三是利用科技手段,如利用虚拟现实、增强现实、智能设备等科技手段,为研学旅行增添科技感和未来感,提高吸引力。四是引入艺术元素,将艺术元素融入到研学旅行中,如音乐、舞蹈、戏剧等,提升课程的美感和观赏性。五是探索新的主题,如环保、公益等,关注社会热点话题,提高课程的社会责任感和吸引力。六是联合其他机构,如博物馆、科技馆等,共同设计课程,提高课程的品质和吸引力。

三、基于品牌,延伸文创产品开发

随着国家近几年博物馆改革的不断推进、博物馆文化创意产品开发的试点探索,博物馆、文化馆等单位开发文创产品的积极性大大提高,种类繁多、设计精美的文创产品已经得到了市场的认可。如北京故宫博物院的文创、北京观复博物馆的网红猫、成都建川博物馆聚落的红色主题酒店以及主题餐厅等,兼备纪念和教育意义,深受研学旅行中小学生好评。因而研学旅行课程开发主体可以围绕其特色资源和研学品牌,加大实物商品、文化演出、文化展览等文创产品的开发,形成自己的风格和特色,并加大运营,从而为研学品牌带来更多的曝光和附加值。

更好地延伸研学旅行文创产品开发可以从多个角度进行探究。一是确定品牌定位和特色,根据研学旅行课程品牌定位和特色,确定品牌形象和风格。二是深入挖掘文化内涵,在品牌形象和特色确定后,深入挖掘研学旅行课程文化内涵,找到文化元素和故事。三是设计创意文创产品,基于研学旅行课程的文化内涵和品牌形象,设计创意文创产品,如书籍、手绘地图、文化衍生品等,与研学旅行课程相呼应,为学生提供更多的体验和价值。四是注重产品质量和原创性,文创产品的质量和原创性是吸引客户和提高品牌形象的重要因素,因此,文创产品需要具有精美的外观、高品质的材料和创意的设计,同时要注重版权保护。五是宣传和推广文创产品,为使文创产品更好地服务于品牌,需要通过各种渠道宣传和推广文创产品,如通过研学旅行课程宣传、线上和线下活动等方式提高产品的知名度和认知度。

四、重视新媒体,研学课程线上线下营销

研学旅行课程开发需要进行线上线下营销,新兴互联网技术和各类网络移动媒体平台的发展,为研学旅行课程开发提供了新契机。从新媒体传播渠道来看,微信公众号使用率高、受众广。通过新媒体平台能够快速了解当前的研学发展趋势及需求情况,为研学旅行课程开发提供可靠的数据支撑,提高研学旅行课程开发的可行性、有效性,同时通过新媒体宣传也能更好地实现研学旅行课程的线上推广。

重视新媒体,研学课程线上线下营销可从以下几方面展开:一是建立网站和社交媒体账号,包括微信公众号、微博账号、抖音账号等,通过网站和社交媒体展示研学旅行课程的特色和亮点,吸引潜在客户的关注。二是制作线上宣传材料,包括图片、视频、文案等,用于网站、社交媒体等渠道的推广和宣传。三是参加线上和线下展会,通过展示研学旅行课程的特色和亮点,吸引潜在客户的关注。四是搭建线上直播平台,向潜在客户展示研学旅行课程的特色和亮点,同时互动交流,提高客户的参与度。

五、组建团队,培养高素质师资及管理队伍

研学旅行课程开发需要组建一个专业、高素质的团队来保证课程的质量和实施效果。高素质师资及管理队伍的优势表现在两方面:一方面是拥有更广泛的知识储备,可以为课程设计提供更多的素材和参考,帮助学生更深入地理解和探究当地的文化、历史和自然环境等。另一方面是具有更好的课程设计能力,能够根据学生的实际需求和学习目标设计更加科学、合理和有针对性的研学旅行课程。

如何培养高素质师资及管理队伍,为研学旅行课程开发提供条件。一是确定团队结构和职责分工,团队成员的数量和角色,明确每个成员的职责分工。二是招聘合适的人才,寻找具有相关教育、旅游、文化等背景和经验的人才,也可以招聘有相关兴趣和热情的人员。三是培训和提高师资素质,团队中的师资人员需要不断提高自己的素质,包括知识储备、教学设计能力、领导力等。可以通过定期的内部培训、外部培训、交流学习等方式来提高师资素质。四是建立有效的管理机制,管理团队需要建立一套有效的机制来协调各项工作和人员关系,确保工作的顺利进行,包括明确工作目标和计划、制定绩效考核和激励机制、建立沟通和协作机制等。五是注重团队建设和文化塑

造,团队建设是保持团队凝聚力和创造力的重要手段。通过团队活动、文化建设等方式来增强团队的凝聚力和向心力,同时注重文化塑造,为课程开发和实施提供坚实的保障。

本章小结

在本章中,我们了解了研学旅行课程资源的特点,以及研学旅行课程资源设计与开发的原则和主体,分析了研学旅行课程开发的主体和课程开发步骤。通过本章的学习,我们认识到研学旅行课程资源开发的重要性,以及各主体在研学旅行发展中的关键作用。通过合理开发和利用研学旅行课程资源,我们可以为学生提供更加丰富、有深度的研学旅行体验,促进学生的综合素质发展和提升。

课后作业

1. 简述研学旅行课程资源的特点。
2. 简述研学旅行课程资源设计与开发的原则。
3. 以案例实训为例,讨论如何将本地红色旅游资源开发成研学课程资源。

案例实训

百色市红七军军部旧址

中国工农红军第七军军部旧址位于广西壮族自治区百色市解放街中段,是土地革命战争时期,邓小平、张云逸、韦拔群等同志于1929年12月11日领导和发动百色起义时总指挥部所在地。原为百色粤东会馆,始建于清朝康熙59年(1720年),一直是粤商赴百色经商的落脚点,久负盛名。会馆坐西向东,以前、中、后三大殿为主轴,两侧配以相对称的厢房和庑廊,占地面积2331平方米,建筑面积2661平方米。整个会馆布局完整,结构严谨,雕梁画栋,古香古色,融古建、书法、雕塑、绘画艺术于一体。其天井、厅堂、阁楼、月门、甬道、青砖,无不展现了岭南建筑的艺术特色。百色起义得到广大粤商的支持,粤东会馆见证了邓小平、张云逸等领导百色起义和右江根据地革命斗争的峥嵘岁月。军部内设有参谋处、经理处、副官处、军医处和秘书处。

1977年8月17日,邓小平同志亲自为旧址题写址名"中国工农红军第七军军部旧址"。1988年,国务院公布为全国重点文物保护单位。1997年6月,红七军军部旧址被中宣部确定为第一批全国爱国主义教育示范基地。自1978年12月正式对外开放以来,旧址已先后接待了80多位现任及历任的党和国家领导人,观众达500多万人次,遍及全国所有省市及十几个国家和地区。

如今,中国工农红军第七军军部旧址(粤东会馆),已经成为人们缅怀邓小平等老一辈无产阶级革命家和百色起义伟大功绩,接受爱国主义教育和革命传统教育的重要场所,是人们追忆岭南悠久历史文化,欣赏前人高超建筑艺术的宝地。

(资料来源:百色市人民政府办公室 百色市革命遗迹 http://www.baise.gov.cn/bsgk/gmyj/t6138387.shtml,有删改。)

第七章
研学旅行课程评价

本章概要

研学课程评价是继承前述内容而来,对课程目标、课程内容等设计作出科学合理的评价,这是研学课程设计的内容之一,也是重要环节。本章提供了研学旅行课程评价的基本内容,通过本章学习学生理解研学旅行课程的评价意义,掌握初步的研学旅行课程评价步骤。

学习目标

知识目标:
1. 了解研学旅行课程评价的含义和内容;
2. 理解研学旅行课程评价设计的步骤和主要内容。

素质目标:
1. 培养学生掌握基础知识,科技自信,求真务实的精神;
2. 培养学生评价研学课程内容的能力,培养文化自觉的精神。

思政目标:
综合、全面、辩证看待研学课程评价,强调学生的素养和综合发展潜力。

章节要点

研学课程评价的思路;研学课程评价多元性;量化评价与质性评价相结合。

第七章　研学旅行课程评价

知识导图

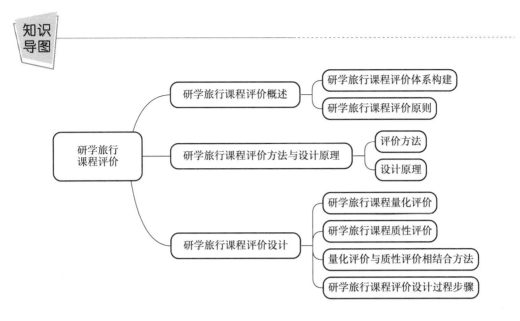

导入案例

广州正佳广场雨林研学课程及评价

广州正佳广场研学课程是在国家的素质教育及社会实践纲要指导方针下,以百科全书式连结的正佳专业博物馆群为实物场景,整合自然科学博物馆和生态雨林馆资源,开设了探究性学习和旅行实践相结合的以"奇遇探险记——动物生存法宝"为主题的创新性教育活动,让广大学生在城市中心就可以进行研学旅行,足不出远门就可以行天下、探自然、近距离观察各类的动物的护身法宝,在欢乐轻松的氛围中探索自然科学,拓展视野、丰富经验。研学课程定位四年级及以上的学生,推出后,受到了市场的欢迎。

研学导师对这个课程提出了诸多见解,有导师认为研学课程必须向课内课程看齐,解决课堂教学的痛点,成为"课堂的延伸",或者是"对课堂的反思",也有导师认为可以设置长线课程,建立学生研学旅行档案,让学生看到自己参加研学活动之后的变化。

(资料来源:广东省研学旅行协会 奇遇探险记——动物生存法宝研学课程 https://mp.weixin.qq.com/s?__biz=MzU5NzUxNTE5Mg==&mid=2247496919&idx=2&sn=4b1c6fb59bc25be35e0dabea5ae8afd0&chksm=fe50fa00c9277316b8321c61a160ab51cfb181c3716ec27eb16e1abd218463dae5562a09a20f&scene=21#wechat_redirect,有删改。)

第一节 研学旅行课程评价概述

课程评价是承接前面两章节内容。研学旅行课程实施完成以后,成果展示与交流也是评价环节中极其重要的一部分。对研学课程的评价需要有科学性、合理性,同时要兼顾教师的指导能力、学生的学习效果以及课程的可持续发展。在课程评述过程中,需要对整个研学活动进行一个客观的价值判断以及事实描述,在此基础上寻找研学课程以及学员发展的积极因素,并形成反馈。研学课程的评价和教育理念发展同步,内涵不断更新,从技术理性到价值理性,再到人文关怀,是一个逐步丰富的过程。研学课程评价是依据一定的标准,对整个研学过程的参与主体与因素进行客观描述阐释。

一、研学旅行课程评价体系构建

按照《关于推进中小学生研学旅行的意见》的精神,研学旅行课程的评价涵盖研学旅行的准备阶段、实施阶段和课后阶段。研学旅行评价包括评价主体、评价目的、评价对象、评价内容、评价方法等方面的内容。研学旅行课程评价的维度可以分为以下几个方面。

第一是研学旅行开发总体导向的角度。从课程开发导向来看,首先需要遵循《关于推进中小学生研学旅行的意见》以及教育部关于教育教学的相关精神论述。研学课程评价应该围绕立德树人的教育原则和方针,强调研学旅行活动对学生德智体美劳综合发展的积极因素。

第二是研学课程内容挖掘和组织的角度。从研学课程内容开发的程度来看,这是过程性评价的一个阶段,它包括理解中小学课本知识内容,结合校内和校外知识,融合与提升德智体美劳教育。

第三是研学课程实施的过程角度。根据《关于推进中小学生研学旅行的意见》,研学旅行更强调"教育+"的过程,研学课程实施需要组织者、学员、营地的综合统筹,是一次综合性的实践过程。研学课程评价需要综合考虑上述几个主体的关系,综合考虑研学活动是否调动了各方面的因素,形成积极性反馈和可持续发展潜力。有学者指出,以特定的目标导向和结果导向的有效教学,常常会因为过于强调结果,无视过程的正当性,漠视手段的合理性,忽略操作的可行性和教学的教育性,这样会损害学生的身心健康和人格健全,因此强调过程有效比结果有效更为合理。教学评价需要从结果性评价转为过程性评价,这也是研学旅行课程的特质之一,由研学旅行实践性和体验性,趋向于过程性评价。

综上所述，研学旅行评价应该包含：①课程定位、课程主题维度。在这个部分里面，我们应该考虑研学课程对应的逻辑活动的现实依据，以及方案实施条件等。这体现了学校教育和校外教育、课堂知识和生活经验、学习和旅行三者相互平衡的关系。②课程目标、课程内容及课程实施。在这个部分的评价里面，我们需要结合研学课程实施的实际情况，注意内容板块的有效性以及板块之间的衔接。③关注研学课程开展的补充条件，比如资金条件、安全条件、研学基地与路线的基本条件。④基于过程性、具身性与体验性，形成学生评价、导师评价等。

二、研学旅行课程评价原则

研学旅行课程评价遵循如下原则。

第一，科学性与客观性原则。科学性指的是因地制宜的科学评价，客观考量研学营地、研学课程、研学学员、研学导师等因素的合理性及协调性。客观性原则，是指评价者需要全程观察或者参与研学活动，根据研学活动的主体参与情况做初步的判断。根据《关于推进中小学生研学旅行的意见》以及相关的教育法规和条例，应该联合第三方评价机构，进行客观评价。

第二，多样性原则。研学课程目标应该结合我国教育的实际情况以及文化多样性的原则，秉承可持续发展的观念，推进研学课程评价方法的多样性。从评价的手段来看，不能只注重量化研究，评价也需要有质性评价。从评价的方式来看，有自评、他评、互评以及第三方机构评价。值得注意的是，第三方机构评价可以给研学课程带来更加客观和多元性的视角，也满足了研学活动个性化发展的需求，从而规范化研学评价。

第三，人文性原则。根据研学课程内容设计，研学课程具有极强的人文性。无论是自然、科技、生态、社会、文化还是历史等不同方面课程内容，最终的宗旨是培养健全的人、高素质的人，让学员从课堂外获取更多的知识经验，生活技能及审美能力。有学者提出把《教育鉴赏和教育批评：它们在教育评价中的形式和功能》一文中的鉴赏和批评概念，引入课程评价领域，并且提出教育鉴赏、教育批评模式。无论是鉴赏批评，抑或是从欣赏审美的角度来看，学生能通过体验实践能够看到研学课程不一样的美感。因此，研学旅行课程目标评价要体现人文性的原则，及时反馈促进学员在人文素质上的提升。国内学术界学者潘淑兰、王晓倩等提出研学旅行多元评价模式，如表7-1所示。

表7-1 国宝金丝猴中学研学旅行课程的多元评价

评价指标	自我评价	他人评价	教师评价
积极参与金丝猴研究的各项准备			
掌握大量神农架金丝猴的相关知识			
积极参与成果制作，动手能力强			
提出切实可行的建议，遇到困难积极解决			

续表

评价指标	自我评价	他人评价	教师评价
有时间管理意识,能把控研学过程各个活动的时间			
小组在各个活动环节的时间研究过程中态度认真、积极协作			
展示成果环节,积极分享,充满感情			
成果创新,感染力强			
综合评价			

在表7-1中我们可以看到"积极参与学习金丝猴研究的准备""掌握大量神农架金丝猴的相关知识""积极参与成果制作,动手能力强""提出切实可行的建议,遇到困难积极解决"等,这些属于科学性原则;"有时间管理意识,能把控研学过程各个活动的时间""成果创新,感染力强"等属于多样性原则;"小组在各个活动环节的研究过程中态度认真、积极协作""展示成果环节,积极分享,充满感情"等属于人文性原则。从整个评价体系设计来看,基本上覆盖人文底蕴、科学精神、学会学习、健康生活、责任担当、实践创新六大素养。

第二节 研学旅行课程评价方法与设计原理

一、评价方法

研学旅行课程评价方法可具体表现为:目标性评价、过程性评价和回顾性评价。

1. 目标性评价

目标性评价包含两个层面的含义。第一层含义是要结合中小学课程大纲、教育教学目标以及研学旅行《关于推进中小学生研学旅行的意见》的总体导向,作出方向性的评价。研学旅行指导师、研学营地需要对整个研学活动初步评估,考虑该研学课程对标哪一学段的学生,需要达到怎样的总体目标。第二层含义是初步评价研学营地,研学目标内容和研学学员,这属于印象式评价。比如在设置中学古诗文阅读研学内容的时候,可以结合学生在学校的学习情况、学习习惯以及课外拓展的需求,给参加研学营的学员做初步的评估,确定他们对古诗文学习的具体需求,如果学生处于初学阶段,可以在研学后期根据实际情况设定研学目标、方法和内容,综合考虑运用情景模拟、声音模拟等方式方法,让学生体验诗词格律的美感。一般而言,目标性评价应该处于研学课程和研学活动开营之前。

2. 过程性评价

过程性评价是相对于结果性评价而言的,关注学生学习情况、过程,形成及时的反馈,便于教学人员和学生的调整。通过过程性评价,教学双方可以在较短较为集中的时间内完善和评价自己的教学情况。研学旅行的过程性评价适应研学活动的多元性、即时性的特点,它能即时反映研学导师、研学课程内容、研学营地和研学学员之间的现实情况,更重要的是能及时反馈研学活动过程中参与主体的动态过程。通过对研学每一个步骤的动态反馈和评价,研学导师可以随时调整研学进度和研学内容,学员可以及时反馈研学体验和研学需求。因此,过程性评价可以促进研学各项活动改善程序和进程。过程性评价一般贯穿整个研学活动。

3. 回顾性评价

回顾性评价包括两个层面的含义。第一层面是从研学营地和研学导师的角度来看,研学导师需要根据学员在研学活动中的表现和实践作出总结和评价。一般而言,在研学结束之后,导师首先要召集学员进行个人或者小组的小结,引导他们思考在研学活动中的得失或者体验。第二层面是研学学员自身的评价,在研学导师引导之后,学员可以通过口头表述、书面记录等方式,简要总结和思考本次活动的收获。回顾性评价一般在研学活动之后,即结营之时。

二、设计原理

研学旅行课程评价,需要跨学科综合知识与理论方法,比如需要吸收管理学、经济学、教育学、心理学、社会学、人类学、历史学、文学、哲学等学科的思想内容。

1. 教育学理论

教育学理论是研学旅行课程的重要理论基础。教育学理论涉及到教育目的、教育制度、课程、教学方式、德育、体育、劳动教育、教师发展与学生成长等多个方面,这和研学旅行课程有着密切关系。研学旅行课程评价体系的设计需要遵循教育学的基本理论和方法。同时,教育学理论也引导研学旅行工作者思考,学生需要达到怎样的学习效果,如何实现个人的健康成长。

2. 社会学理论

社会学理论可以为研学旅行课程评价体系的设计提供切实可行的参考。社会学关注社会结构、社会变迁、社会经济、法律、人口等诸多议题,给研学旅行提供了大量的素材和思考空间。研学旅行课程评价可以汲取社会学研究的诸多领域,提炼多元化的评价指标。

3. 心理学理论

心理学理论可以给研学旅行课程评价提供有益的帮助。研学旅行实践者可以运用心理学理论和方法,分析学员和相关群体的认知规律和心理特点,进而设计出符合各方参与群体实际情况的课程评价体系。

4.人类学理论

人类学主要研究文化及其表达方式、文化多样性及现代生活等。人类学主张从"主位"的视角出发,探讨文化主体的经验与情感。人类学理论对研学旅行课程评价体系的启发颇多,研学旅行课程实践者可以站在课程主体的角度思考问题,分析学员、学校、社会、国家对研学旅行的不同要求,这样可以设计出更为宽容和多样化的研学课程评价体系,关注学员的思维和情感和研学课程的实施情况,避免评价的单一倾向。

第三节 研学旅行课程评价设计

研学活动评价设计需要有可操作性和可行性。从研学评价方法来看,采用量化评价和质化评价。两种评价方法没有绝对的高下之分,每种评价都有它自身的优势和局限。如何结合两种评价方式,是研学旅行课程评价需要探索的议题。

一、研学旅行课程量化评价

在国内学术界,有学者根据研学旅行不同阶段,提出了研学旅行课程评价指标的一级指标。课程方案实施前的预设性评价指标为方案完整性、目标合理性、内容适切性、保障充足性、实施有序性、评价规范性。课程方案实施中的过程性评价指标又分为实施层面、学生参与层面和研学指导效果层面。实施层面:活动有序组织、方法运用得当、师生积极互动、问题处理,评价规范及时。学生参与层面:活动参与的规范性、活动参与的主动性、活动参与的合作性。研学指导效果层面:任务完成度、指导过程投入、指导方式艺术性,指导结果有效性。国内学术界的学者罗祖兵等设计了评价量表,如表7-2所示,研学课程方案实施前的预设性评价,涉及研学课程方案、研学课程目标、研学课程内容、研学课程保障、研学课程实施、研学课程评价等方面,量表对上述内容做总体评价。然后在一级指标基础上细化二级指标及评价内容。从某种程度上来看,目前,研学旅行课程评价多遵循量化评价为主,通过研学旅行测量评价表的编制来规范评价活动。

表7-2 研学旅行课程方案评价量表

课程名称						
课程方案实施前的预设性评价						
一级指标	二级指标	A非常符合	B基本符合	C不太符合	D完全不符	课程专家评语
方案完整性						
目标合理性						
内容适切性						
保障充足性						

续表

一级指标	二级指标	A非常符合	B基本符合	C不太符合	D完全不符	课程专家评语
实施有序性						
评价规范性						

课程方案实施中的过程性评价

评价指标	A非常符合	B基本符合	C不太符合	D完全不符	研学导师评语
目标与主题明确					
内容完整合理					
学生参与度高					
教师教学方法合理					

课程方案实施后的总结性评价

评价指数	A非常符合	B基本符合	C不太符合	D完全不符	学校教师评语
课程方案实施效果（学生活动收获颇丰）					

根据表7-2，可以看到研学课程评价根据研学课程具体情况和研学内容的过程来设计，可以细化为不同的一级指标和二级指标。设计的主要目的是细化整个研学过程的具体内容，不断观察、修正和完善研学课程。同时，我们也可以注意到，在上述表格中作者细化了研学具体评价指标，属于量化评价。然而，光靠量化评价是不足的，量化评价可以迅速地收集研学各个阶段、各个组成要素的情况，但仅通过数据是不能反映真实情况的，学术界还对研学评价作了质性补充，如研学导师评语、学校教师评语等，我们将在下文阐述。

二、研学旅行课程质性评价

质性研究是以研究者本人作为研究工具，在自然情境下，采用多种资料收集方法（访谈、观察、实物分析），对研究现象进行深入的整体性探究，从原始资料中形成结论和理论，通过与研究对象互动，对其行为和意义建构获得解释性理解的一种活动，包含但不限于民族志研究、人类学研究、论述分析、访谈研究等。质性研究注重人与人之间的意义理解、交互影响、生活经历和现场情景，在自然状态中获得整体理解的研究态度和方式。

从研学课程目标设置、内容设计、实施过程、效果来看，研学参与的主体，即研学导师、研学学员对整个研学项目都会有不同的观点、情感和态度。尽管各个主体处在同一研学营地、研学活动中，但是在做研学课程评价的时候不可忽视这些主体不同的观点情感和态度。通过补充研学导师、研学开发者、研学学员的个人生活史经验资料，在"研学活动志"上进行记录和档案整理，可以观察整个研学活动的细节以及研学与人的互动，凸显研学评价的个性化和多元化，使得整个研学评价更具温度。实施研学课程

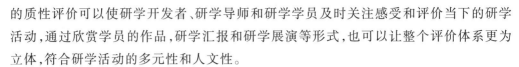

的质性评价可以使研学开发者、研学导师和研学学员及时关注感受和评价当下的研学活动,通过欣赏学员的作品,研学汇报和研学展演等形式,也可以让整个评价体系更为立体,符合研学活动的多元性和人文性。

质性评价最直观的就是评语评价,研学评价有研学导师评语以及学校评语,也可以有学生学员的互评以及自我评价。

导师评语:导师评语指的是研学营地指导老师对参与整个研学活动的学员,做一个总体性评价以及个性化评价,要求研学导师必须全程参与观察学员的活动动态。在对学员做质性评价的时候,需要结合学员的性格情感特质,关注学员的心理动态。在评语写作中多采用正面、向善引导词汇,积极地发现学员在研学活动中的优点以及取得的进步,同时要委婉地提出改进意见,促进教学相长。

学员互评:学员互评的评语。要在研学导师的指导下完成。导师需要引导学员关注评价对象的性格和情感特点。学员在做互相评价时,要充分尊重对方的人格心理。评价用语要采用双方都能理解且约定俗成的词汇,可以适当采用俚语,使得评语更加活泼,具有同龄人的特点,易于接受和理解。

学员自评:学员自评是研学质性评价中重要的组成部分,它倡导学员根据研学实际的情况来评估课程效果。与学校考试自我评价有一定的区别,研学学员质性评价可以采用灵活的内容表达方式,比如日记、微信朋友圈点赞评论等。

三、量化评价与质性评价相结合方法

研学旅行评价采用精准的量化评价和灵活的质性评价相结合的方式,更加合理,也是一种需要进一步探索的评价方式。在表7-2的基础上中,我们可以增设质性评价,如表7-3所示。

表7-3 研学课程量化与质性结合评价表

课程名称								
课程方案实施前的预设性评价								
一级指标	二级指标	A非常符合	B基本符合	C不太符合	D完全不符	导师评语	组员互评	自我评价
方案完整性								
目标合理性								
内容适切性								
保障充足性								
实施有序性								
评价规范性								

续表

课程方案实施中的过程性评价								
评价指标	A非常符合	B基本符合	C不太符合	D完全不符	研学导师评语	组员互评	自我评价
目标与主题明确							
内容完整合理							
学生参与度高							
教师教学方法合理							

课程方案实施后的总结性评价								
评价指数	A非常符合	B基本符合	C不太符合	D完全不符	学校教师评语	组员互评	自我评价
课程方案实施效果(学生活动收获颇丰)							

四、研学旅行课程评价设计过程步骤

研学课程评价设计,可以按照研学组织的过程,分块进行。以国家级非物质文化遗产代表作"广西宾阳炮龙节"为研究对象,研学课题设计为"豪迈舞者:非遗与炮龙",对象为八和九年级学段的学生。

第一步:目标评价。

在这一阶段中,研学导师、研学营地(机构)需要评估研学定位的准确性、方案完整性、目标合理性、内容适应性、保障充分性、实施有效性和评价规范性。在这一研学课题中,我们面对的对象是八年级和九年级学段的学生,这一学段的学生特点是有初步的阅读积累,具备了一定的语文知识、历史知识,同时对身边的文化现象及传统文化有着浓厚的兴趣。中国传统的岁时节日,有着直观的生活体验,如清明节祭祖、除夕大扫除、春节收压岁钱、放鞭炮等。在学生经验积累的基础上,研学课题可以深入开展,将宗族、家庭观念以及龙文化的民俗表达纳入其中,深化学员对岁时节日和龙文化的理解。研学营地和机构以及研学导师、家长为这一活动的开展提供有效的保障,包括物质保障,安全保障等。

第二步:课程方案实施中的过程评价。

在本次研学活动开始前,研学导师充分考察炮龙节的历史由来、基本内容及营地的安全保障,同时设计体验类活动,如龙灯制作、彩架制作等。在课程设计上安排专业的民俗沙龙讲座,以及户外安全防护能力训练课程。课程实施的过程中,研学导师联合非遗传承人,直观清晰地讲解龙灯的制作工艺和过程,讲述龙文化在岭南地区的传播演变,以及形成的相关习俗。研究导师、非遗传承人和学员之间进行频繁互动,激发学生对华南地区上元节饮灯酒、舞炮龙、舞火龙的习俗的兴趣,课程方案评价量表如表7-4所示。

表7-4 "广西宾阳炮龙节"课程方案评价量表

一级指标	二级指标	评价内容
活动内容多样性	活动内容组织多元化	研学导师、非遗传承人提供民俗沙龙讲座、传统工艺制作体验、舞龙训练、美食体验等课程内容
研学方法合适	知识深化、体验性强、清晰有趣	研学导师联合非遗传承人,直观清晰地讲解龙灯的制作工艺和过程,讲述宗族观念与舞龙民俗的关系
师生积极互动	合理性、有效性	在导师和非遗传承人引导下,学生对上元节饮灯酒、舞炮龙、舞火龙的习俗产生了兴趣
……	……	……

第三步:课程方案实施后的总结评价。

课程方案实施后的总结评价包含量化评价与质性评价,具体评价内容如表7-5所示。

表7-5 "广西宾阳炮龙节"课程量化与质性结合评价表

一级指标	二级指标	评价内容
开阔视野	知识扩充	学生在活动中扩充了民俗知识,了解了岁时节日的地方表现形式
能力提升	知识深化	学生在活动中迁移了知识,理解课本所学的中国历法、宗族制度、民俗表达
情感认同	情感生成	学生认同地方民俗文化,并且自觉地学习和传承,实现文化认同和文化自觉
……	……	……

学生的质性评价由学生的日记、作品展示、自媒体互动等内容组成,具有学生"个人成长志"的功能,有利于学生及时记录、总结和思考。学生的质性评价是研学课程评价体系设计需要关注的细节。

第四步:研学旅行评价内容建档。

内容建档包括整理数据、分析数据、撰写报告、存储与分享、适当调整,各个环节的具体操作形式如下。

(1)整理数据:将收集到的定量和定性评价数据进行分类整理。

(2)分析数据:对整理后的数据进行深入分析,找出学生的总体表现和进步情况。

(3)撰写报告:根据分析结果,撰写一份关于研学旅行活动的综合报告。报告中应包括学生的参与情况、学习成果、反馈意见等内容。

(4)存储与分享:将报告存储在便于获取的地方,通过数据库、App或者小程序分享给参与研学旅行的学生、导师和其他相关人员。

(5)适当调整:根据报告的结果和学生的反馈、师生互评等资料,对未来的研学旅行活动进行必要的调整。

慎思笃行

宾阳炮龙节

宾阳炮龙节是国家级非物质文化遗产代表作,近几年,广西宾阳县古辣镇稻花香里景区开设了包含醒狮迎宾表演、插秧活动、种菜体验、DIY画龙脸、民俗传统炮龙制作、讲炮龙历史知识、舞彩带龙、体验舞炮龙等活动的研学课程。下面的例子来自于教学实践中的学生作品。

我眼里的宾阳炮龙节

2班 刘xx

炮龙节是我们宾阳的传统节日。每年农历正月十一,人们都会在宾阳街头举行这一个盛大的节日。在这天傍晚六点四十分,群众们从四面八方奔涌到炮龙节的发源地"炮龙老庙"……

声势浩大的炮龙节活动开始了!在经过炸炮龙、钻龙肚、抢龙珠的活动后,炮龙节也已经接近尾声。

我虽然是宾阳人,但从小到大竟然连一次炮龙也未曾见过,直到十七岁那年,我才亲眼见识到了炮龙节的热闹以及这个节日给人们带来的疯狂与快乐。

那天大街上挤满了人,天空微微下着些小雨,可这丝毫没有影响观众的热情。人们热情地交谈着,喧闹着,拉长脖子看着远方,整个场面就像一锅即将沸腾的油,就等一瓢水了。我站在人群之中,周围洋溢着的兴奋与激动把我也感染了,让我也忍不住期待起从未见过的炮龙……

知行合一

宾阳炮龙节这一国家级非物质文化遗产代表作,包含了彩架制作技艺、舞龙等民俗文化事象。在日常生活中,我们可以根据研学对象的内容性质和形式的不同,做差异化的教学实践安排和评价。民俗文化多为无形之物,如本案例中的舞炮龙,它并不是告诉大家如何舞龙,而是以舞龙习俗为媒介,强调家族、族群的情感记忆,彰显坚毅、勇敢、团结以及移风易俗的精神。学生可以采用档案日志的方式来展现自己对这些无形文化因素的吸收和理解。从记录内容可以看出,民俗体验激发了学生对历史文化的兴趣,展现了热爱生活的情感态度,这场研学课程是有声有色的思政教育。

本章小结

研学旅行课程实施完成以后,成果展示与交流也是评价环节中极其重要的一部分。从内容来看,研学旅行评价可以包括研学目标评价、课程内容方案评价、研学旅行课程实施评价以及研学旅行课程效果评价。从研学阶段来看,可以分为目标性评价、过程性评价和回顾性评价。从研学评价方法来看,采用量化评价和质性评价。

 课后作业

请举例论述研学旅行课程评价设计的主要步骤。

 案例实训

广西壮族织锦技艺实践课程

一、课程背景与目标

本次研学旅行课程以广西壮族织锦技艺为对象,针对4—6年级的学生,课程设计为3课时。课程目标是通过实地考察、实践操作和专家讲解,让学生了解广西壮族织锦技艺的历史、文化和制作工艺,提高学生的文化素养和动手能力,培养学生对传统文化的热爱和传承意识。

二、课程设计

1. 课程具体安排

第一课时:介绍广西壮族织锦技艺的历史发展历程,带领学生参观壮族织锦技艺工作坊或者相关机构,了解壮族织锦技艺的特点。

第二课时:学习壮族织锦技艺的基本工艺,由非遗传承人及导师进行现场示范和讲解,学生体验部分环节。

第三课时:进行总结和反思,分享学习心得和体会,探讨传统文化的传承和创新。

2. 教学方法

采用实地考察、实践操作和专家讲解相结合的教学方法,让学生在实践中学习和体验,加深对传统文化的理解和认识。

三、定量评价

1. 问卷调查

在课程结束后,对参与课程的学生进行问卷调查,收集他们对课程的满意度、收获等方面的意见。问卷包括选择题和开放性问题,以便更全面地了解学生的感受和意见。通过数据分析,得出学生对课程的满意度和收获情况。

2. 考试成绩

通过考试的方式,对学生的学习成果进行量化评估。考试内容可以包括对织锦技艺的基本知识、制作工艺等方面的回顾,壮族与其他民族的文化交流,学生的实践操作表现等。根据考试成绩,评估学生的学习效果和掌握程度。

四、定性评价

1. 观察记录

在课程过程中,观察学生的参与度、学习态度等,记录学生的表现和进步。通过观察记录,评估学生对课程的投入程度和学习效果。

2. 案例分析

对课程中出现的典型案例进行分析,评估其对学生的启发和帮助。通过案例分析,了解学生对传统文化的理解和认识程度,以及他们在实践中遇到的问题和解决方法。

3. 访谈调查

在课程结束后,对部分学生进行访谈调查,了解他们对课程的感受和收获。通过访谈调查,收集学生对课程的意见和建议,为今后的课程改进提供参考。

五、课程评价及建议

1. 评价概述

我们通过定量评价和定性评价相结合的方式,发现学员参与度高,对壮族织锦技艺的研学旅行课程内容评价较为满意;部分学员认为课程内容丰富,体验性较强。

2. 建议

为了进一步优化研学旅行课程内容和实施效果,我们提出建议如下:第一,紧扣语文、历史、美术等中小学课程,寻找课程内容开发的结合点和创新点。第二,加强引导学员的审美意识培养,通过壮锦的造型、色彩、结构来构建课程内容。第三,与当地社区或中小学深度合作,寻找研学课程开发和实施的创造力。

第八章
研学旅行课程手册设计

本章概要

本章主要包括研学旅行课程工作手册设计和研学旅行课程学生手册设计两小节内容。在工作手册设计部分,总结概括了课程工作手册设计的四大原则和工作手册的内容;学生手册设计部分总结概括了课程学生手册设计的六大原则、学生手册的内容和学生手册设计技巧。

学习目标

知识目标:
1. 掌握研学旅行课程工作手册设计的原则;
2. 掌握研学旅行课程学生手册设计的原则;
3. 了解研学旅行课程工作手册设计的内容;
4. 了解研学旅行课程学生手册设计的内容;
5. 掌握研学旅行课程手册设计技巧。

能力目标:
1. 能够描述研学旅行课程工作手册设计的原则;
2. 能够描述研学旅行课程学生手册设计的原则;
3. 能够设计出美观大方的研学旅行手册。

素养目标:
1. 求真务实,培养学生求真务实的态度;
2. 文化自信,培养学生的文化自信;
3. 品牌自信,培养学生树立品牌意识。

章节要点

研学旅行课程工作手册设计;研学旅行课程学生手册设计等。

知识导图

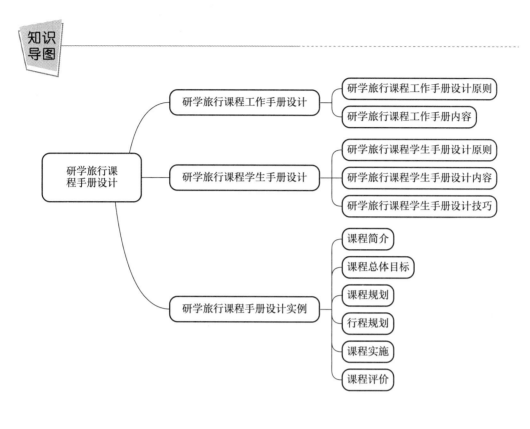

第一节　研学旅行课程工作手册设计

研学旅行课程工作手册,是研学旅行课程实施者或单位根据课程资源和课程实施需注意事项编写的课程实施参考书。

一、研学旅行课程工作手册设计原则

（一）全面性原则

手册内容应包括课程简介和课程设计的四个要素,即课程目标、课程内容、课程实施和课程评价,这些是手册的主体部分。除此之外,手册内还应注明安全注意事项和突发情况应对措施、行前必备物品检查表、教师团队人员及联系方式、学生成员信息（包括学生姓名、班级、学校、监护人联系方式等）、附近医院和派出所联系信息。

（二）引导性原则

手册内容对研学教师或导师应起到引导作用,教师既能够利用工作手册开展研学

旅行课程,又能不完全依赖手册。教师可以根据学生的实际情况,参考并使用工作手册里面的内容,引导教师更有效地开展研学旅行课程。教师通过对课程的自我评价,有利于更好地开展以后的课程。

(三)规范性原则

研学旅行课程的开展要依照国家制定的法律和条令,课程的开展要规范化,以促进研学活动的顺利开展,因此研学旅行课程手册的有关概念要规范,内容设计要符合研学旅行课程的基本原理和流程。手册中的关于研学课程的规则要明确、具体、清晰。

(四)实用性原则

研学旅行课程工作手册主要供研学课程的教师或导师使用,如果手册内容繁多复杂,那就与手册设计的初衷背道而驰。在研学旅行课程实施开展中,手册中的内容有助于教师运用到课程中,内容具有可操作性。

二、研学旅行课程工作手册内容

研学旅行课程工作手册的设计,就是将课程实施的过程和必要条件展示出来,即课程物化的呈现。手册应该包含以下内容。

(一)课程简介

课程简介应简洁明了地介绍研学旅行课程的学习资源,阐明课程的主题和其他学科之间的关系,并说明本课程的学习意义。

(二)课程总体目标

课程总体目标是课程在宏观层面上要实现的目标,可以依据国家对研学旅行课程的教育定位以及学生核心素养培养体系的相关指标分类确定。

(三)课程规划

课程规划是指本课程供规划设置的数个模块或单元,可以按照行程先后列出各模块或单元的目录。模块名称要符合相关规定,最好能呈现单元的资源特征。

(四)行程规划

行程规划应详细列出各学习模块、行程途中的时间节点,每一个环节的时长,各行程段的交通工具类别以及乘坐的车牌号、车船班次和飞机航班号等。

（五）课程实施

课程实施应分模块或单元陈述,具体包括:

(1) 课程主题;

(2) 课程地点;

(3) 课程时长;

(4) 课程目标;

(5) 课程方式;

(6) 课程资源;

(7) 即时性指导与评价;

(8) 注意事项。

（六）课程评价

课程评价包含两个部分:其一是教师的评价,即教师对课程实施情况进行自我总结、评价,也可以是教师之间的相互评价;其二是教师对学生的评价,既要给出成果性评价也要给出过程性评价。

（七）附件

为研学旅行课程的顺利实施提供保障的内容,可以在工作手册中以附件的形式呈现,主要包括以下内容:

(1) 行前物品备忘检查表;

(2) 安全管理制度及应急预案;

(3) 重要信息,包括学生电话、监护人电话和研学带队教师的电话,课程实施地点附近的派出所的相关信息,课程实施附近医院的相关信息。

第二节　研学旅行课程学生手册设计

一、研学旅行课程学生手册设计原则

每个地域、年龄阶段的研学旅行课程学生手册因情况条件各异,实际内容也会有所不同,如小学和高中学习能力和知识积累不同等。因此,研学旅行课程手册设计要素也会有所差别,在设计研学旅行课程学生手册的过程中可以遵循以下六个原则。

（一）完整性原则

完整性原则要求学生手册要对研学旅行全过程起到提示和指导的作用，要求在编写研学旅行课程学生手册时，应该包括所必要的信息，确保学生在参加研学旅行课程的过程中能够获得充分的信息。内容主要包括行前、行中、行后所涉及的所有学习活动、生活活动和安全保障等方方面面，如详细的行程安排、活动安排、目的地介绍、交通安排、住宿安排等。

（二）针对性原则

研学手册依附于行程，其存在目的是为使学生更好地开展研学活动，因此，研学旅行学生手册设计要具有针对性。一是要针对不同的目标群体设计手册，包括年龄、性别、学历、兴趣等方面，以确保手册的语言和内容适合学生的需求和兴趣。二是要根据目的地特点、文化、历史、自然环境等因素，提供有用的信息，帮助学生更好地了解和探索目的地。三是要为每个活动提供详细的说明和建议，包括时间、地点、注意事项、准备工作等，以便各个参与主体做好准备。总之，研学旅行课程学生手册设计要做到因生制宜、因地制宜、因时制宜。

（三）科学性原则

科学性是研学旅行手册编写最根本的原则，是学习活动设计最基础的保障。研学旅行课程学生手册的科学性原则主要体现在以下几个方面：一是研学旅行课程学生手册设计要明确研学旅行的意义，以及研学旅行每个活动或项目的具体目标。二是研学旅行课程学生手册要提供足够的信息，包括旅行的行程安排、目的地介绍、学习活动安排、安全注意事项等。三是研学旅行课程学生手册设计要具有可读性和易读性，手册应该易于阅读和理解，使用简洁的语言和直观的图表，以帮助学生更好地理解研学旅行活动。

（四）实用性原则

研学旅行课程学生手册与研学旅行课程具有相辅相成的关系，影响着研学旅行课程实施的具体效果。因此，研学旅行课程学生手册的设计要具备实用性，从而促进研学旅行活动的顺利开展。为提高研学旅行课程学生手册的实用性，可以从以下几个方面展开：一是要针对研学旅行过程中可能遇到的问题和需求提供具体的解决方案和建议。二是手册应具备可操作的建议和指导，包括如何准备行李、如何遵守规定、如何处理紧急情况等，使学生和家长能够根据手册的指导更好地准备和参加研学旅行。三是手册要具备一定的灵活性和适应性，能够根据具体的情况进行调整和改动，如因天气或其他原因需要临时更改行程的情况。

（五）趣味性原则

研学旅行课程学生手册设计趣味性原则是为使手册更具有吸引力和趣味性。因此，研学旅行课程学生手册的趣味性可以从以下几点展开：一是手册应具备独特的创意和设计元素，例如独特的封面设计、创意的排版方式等，使手册在视觉上更具吸引力；二是手册应该使用生动形象的语言和图片，例如插图、图片、地图等，使手册更加生动有趣；三是手册中应加入一些互动元素，例如问答、小测试等，让读者参与其中，在保证科学性的同时增加趣味性；四是手册设计要适合研学旅行的年龄和兴趣群体，例如对于小学生可以加入一些有趣的游戏和趣味性知识，对于中学生可以加入一些深入的专业知识和思考题；五是手册中可以加入一些当地文化元素，例如历史、文化和地理知识等，让学生和家长更好地了解和感受当地的文化和风情。

（六）自主性原则

学生是研学旅行活动开展的主体，因此研学旅行活动要充分考虑学生实际情况，在设计研学旅行课程学生手册过程中要重视课程的实践性和创新性，为学生提供更多实践探究的机会和思考的空间，提高学生自主探究的能力。

二、研学旅行课程学生手册设计内容

（一）研学旅行课程学生手册设计程序

目前，研学旅行课程学生手册设计的主体主要包括教师和教育服务机构，无论是教师设计还是教育机构设计，都需要双方在设计过程中加强沟通和交流，整合各自的优势，共同开发出适合学生使用的研学手册，研学旅行课程学生手册设计的标准化程序如图8-1所示。

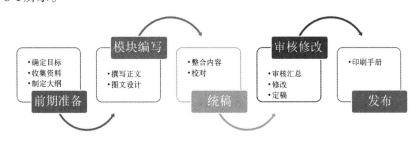

图8-1　研学旅行课程学生手册设计工作流程

（二）研学旅行课程学生手册框架及基本内容

研学旅行课程学生手册设计过程中首先要确定手册的整体框架，进而完善手册内容，一份完整的研学旅行课程学生手册包含以下的内容模块。

1. 前言模块

研学旅行手册的前言模块通常是介绍和引导学生如何使用手册,同时向学生介绍研学旅行课程的背景和目的。因此,前言模块应该包括以下内容。

(1)介绍手册的编写目的和使用对象:介绍手册是为哪些人群编写的,以及手册的编写目的,如提供旅行信息、引导旅行过程、推广旅行目的地等。

(2)介绍旅行的背景和目的:简要介绍旅行的背景和目的,如该旅行是为了教育、探索、体验等,有助于学生更好地了解旅行的意义和目的。

(3)引导学生使用手册:引导学生如何查找相关信息,包括如何阅读地图和行程安排等。

(4)介绍旅行安全和注意事项:提醒读者旅行中的安全问题和应该注意的事项,如要注意交通安全,不要随意接受陌生人的招呼,注意个人财物安全等。

2. 旅行生活指导模块

旅行生活内容是研学旅行课程的基础内容,它贯穿研学旅行始终,为学生的研学旅行提供生活指导和服务,应涉及交通、住宿、饮食、心理、健康、活动等各个环节,因此,旅行生活指导模块通常包含以下内容。

(1)交通指南:介绍旅行目的地的交通情况,包括交通工具选择、票价、出行时间等信息。

(2)食宿指南:介绍旅行目的地的饮食和住宿情况,包括当地美食、特色住宿等信息。

(3)购物指南:介绍旅行目的地的购物情况,包括当地的特产、纪念品等。

(4)文化礼仪指南:介绍旅行目的地的文化习俗和礼仪,包括如何尊重当地文化、礼节、行为规范等。

(5)应急指南:介绍旅行中可能遇到的突发事件和应急处理方法,如身体不适等应急情况的应对方法。

(6)活动指南:介绍旅行中的活动安排和注意事项,如户外探险、参观博物馆等活动的注意事项。

(7)社交指南:介绍旅行中的社交情况和注意事项,如何与当地人交流、如何与同行游客相处等。

3. 学习指导模块

学习内容是指导手册中的主要内容,应该包括行前的知识储备、行中的实践探究、行后的思考感悟,每个阶段都涉及文化的汲取、知识的积累和能力的培养。因此,学习指导模块通常包含以下内容。

(1)学习目标和任务:明确旅行的学习目标和任务,以及旅行中需要完成的学习任务和作业,让学生对旅行的学习有清晰的目标和计划。

(2)学习资源和参考资料:介绍旅行中的学习资源和参考资料,包括当地博物馆、历史遗迹、名胜古迹等,以及相关书籍、视频、图片等学习资料。

(3)学习方法和技巧:介绍旅行中的学习方法和技巧,包括如何有效地记录笔记、如何进行团队合作等,让学生掌握学习的技能和方法。

(4)学习评估和反思:介绍旅行中的学习评估和反思方式,包括如何进行学习成果的评估和总结,如何反思旅行中的学习收获和不足之处等,让学生对自己的学习有更深入的认识和反思。

(5)学习任务和作业说明:详细说明旅行中的学习任务和作业要求,如调查报告、文化研究、实地考察等,让学生清楚学习任务和作业的要求和标准。

4.安全保障模块

安全保障是开展研学旅行课程的基础,该模块应包含以下内容。

(1)旅行保险:介绍旅行保险的种类和保障范围,包括意外伤害保险、医疗保险、财产保险等,提醒学生在旅行前购买合适的研学旅行保险。

(2)紧急联系人:提供旅行中的紧急联系人和联系方式,包括旅行社、当地旅游部门等,让学生在遇到紧急情况时及时联系相关人员。

(3)安全意识教育:提醒学生注意旅行中的安全问题,如遵守交通规则、注意食品安全、注意财物安全等,增强学生的安全意识。

(4)应急预案:介绍旅行中的应急预案和应对方法,如遇到自然灾害、恐怖袭击等紧急情况时的应对措施,提醒学生保持冷静并采取正确的应对方法。

(5)安全警示:提醒学生注意当地的安全警示和注意事项,如危险地带、潜在安全隐患等,提高学生危险防范意识。

5.评价反馈模块

评价反馈包括对学习过程的评价及终结性评价指导,通常该模块包括以下内容。

(1)问卷调查:通过问卷调查收集学生的反馈和评价,了解学生对研学旅行的满意度、旅行服务质量等方面的评价。

(2)意见建议:提供学生反馈和建议的渠道,如邮件、电话等,让学生可以直接向旅行社反馈旅行中的问题和建议。

(3)评价指标:明确评价指标和标准,如服务质量、行程安排、导游服务、学习效果等,让学生可以根据指标和标准来进行评价。

(4)评价结果分析:对学生的反馈和评价进行分析和总结,了解旅行中存在的问题和不足之处,以及需要改进的地方。

(5)改进措施:根据评价结果分析,提出改进措施,如改进服务质量、加强学习指导等,让旅行社和相关人员能够针对问题和不足之处采取相应的改进措施。

6.附录说明模块

附录内容是指导手册的活动说明和补充部分,通常该模块包括以下内容:

(1)地图和交通指南:提供旅行目的地的地图和交通指南,让学生更好地了解当地的交通和地理情况,便于学生在旅行中更好地参与活动。

（2）当地文化和历史介绍：介绍旅行目的地的文化和历史背景，让学生更好地了解当地的文化和历史，提升旅行的学习性和文化性。

（3）学生名单和联系方式：列出参加旅行的学生名单和联系方式，方便学生互相联系和交流，也方便旅行社和相关人员进行管理和沟通。

（4）学习成果和证书颁发规定：介绍研学旅行的学习成果和证书颁发规定，让学生了解旅行的学习效果和学习证书的获得方式，提升研学旅行的学习性和实用性。

三、研学旅行课程学生手册设计技巧

（一）总体设计技巧

为使学生初步了解研学旅行内容，激发学生参与研学旅行的欲望，扩大宣传效果，研学旅行课程学生手册设计应简洁明了、美观大方、图文并茂、风格统一、排版美观，做到知识性和趣味性有机结合，从而吸引读者，提高阅读体验和旅行体验。

（二）封面设计技巧

研学旅行课程学生手册封面设计可以根据不同的需求和目的进行设计，在设计过程中可以参考以下技巧。

一是在设计过程中要突出主题，能够让阅读者一眼看出来。二是简洁明了，可以采用简洁的配色和清晰的排版，避免过于繁琐和复杂的设计。三是图片清晰，封面上使用的图片，需要保证图片的清晰度，色彩艳丽，有吸引力。四是信息完整，在封面上需要包括研学旅行的名称、实践地点等基本信息，确保信息完整。五是突出品牌，突出研学旅行品牌特色，增强品牌效应。六是与目标群体相符，根据研学旅行目标群体设计封面色彩、图案、字体等元素，吸引目标群体注意力。

（三）内容设计技巧

研学旅行课程学生手册内容设计是研学旅行课程学生手册设计的重要部分，对研学旅行活动开展起着统筹规划的作用，在设计研学旅行课程学生手册中可以遵循以下设计技巧。

一是内容简明扼要。在设计学生手册时，应尽量避免过多冗杂的文字，要以简明扼要的方式传达信息，使学生能够快速而清晰地理解。二是图文并茂。在手册中加入图片、图表和地图等可视化元素，帮助学生更直观地理解行程和注意事项，同时增加手册吸引力。三是突出重点。在手册中，应突出重点和关键信息，如行前准备、安全注意事项等，使学生能够在浏览手册时快速找到需要的信息。四是简单易懂。在设计手册时，要以学生的语言和认知水平为基础，采用简单易懂的语言和术语，避免使用过于专业化的词汇。五是重点提示。在手册中，应使用颜色、加粗、下划线等方式突出重点和进行提示,使学生更容易注意到这些信息。六是实用性强。设计学生手册时,要考虑学生在旅行中的实际需求,提供实用性强的信息和建议,如当地的餐饮、交通等情况。七是留白合理。在手册设计中,应合理利用留白,使版面整洁、明朗,同时也方便学生在手册上做笔记和标注。八是精益求精。设计学生手册不是一次性的事情,应该不断收集学生反馈和建议,不断完善和改进,使手册能够更好地为学生服务。

第三节 研学旅行课程手册设计实例

广西壮族自治区**中小学生研学课程工作手册

体验广西民族文化

学校:

教师姓名:

班级:

一、课程简介

民族文化彰显了民族特色和优秀的传统文化,教育具有文化传承、文化创造的功能,将民族文化融入研学旅行课程,能够促进民族文化走进校园,既可以加深学生对民族文化的理解,又能树立学生对民族文化的自信心和认同感,进而提升学生的文化自信。

广西壮族自治区历史悠久,早在80万年前广西就有原始人类生息。在四、五万年前旧石器时代晚期,就有"柳江人"和"麒麟山人"在此劳作繁衍。世居在广西的民族有壮、汉、瑶、苗、侗、仫佬、毛南、回、京、彝、水、仡佬等12个,另有满、蒙古、朝鲜、白、藏、黎、土家等其他民族,多种多样的民族,造就了广西丰富多彩的民族文化。广西地区文化被称为桂系文化、八桂文化,属于岭南文化。早在商周时期,骆越人已建立起岭南地方政权"骆越方国",并根据商周中央王朝的指令,开发和管理岭南和南海。骆越方国主要中心在今广西南宁市武鸣区大明山南麓马头镇到骆越镇(地图标为陆斡镇)一带。骆越方国地域广大,包括广西西江以南,广东西南部,海南岛,南海的东沙群岛、西沙群岛、中沙群岛、南沙群岛等中国岛礁及相关海域,一度管理到交趾和九真。骆越方国开发岭南和南海成绩斐然,创造了繁荣的稻作文化,留下了辉煌的花山岩画,开发了南海和海上丝绸之路,培育了闻名世界的合浦南珠等。广西民族博物馆是以广西民族文化为专题的博物馆,搜藏展示了广西12个世居民族的传统文化,并于2017年12月,入选教育部第一批全国中小学生研学实践教育基地、营地名单。此次研学课程将带领学生们走进广西民族博物馆,让他们能切身感受到壮美广西的民族文化。

二、课程总体目标

(1)让学生了解广西民族文化的内涵。

(2)树立学生对民族文化的认同感和自信心。

(3)让学生树立文化自信,讲好中国故事。

三、课程规划

模块一 认识广西少数民族,走进广西民族博物馆

模块二 走进广西历史,从"柳江人"到"百越人"

模块三 手工体验侗族木构建筑

四、行程规划

时间	研学课程安排
8:00—8:30	校门口集合,清点人数
8:30—10:00	乘坐大巴前往广西民族博物馆 车牌号:桂A×××× 司机李师傅电话:134××××××××
10:00—12:00	参观广西民族博指定场馆,了解广西历史
12:00—13:15	以班级为单位在指定地方就餐,就餐完毕后带走垃圾
13:15—15:30	体验手工制作侗族木构建筑
15:30—15:45	集合,清点人数
15:45—17:15	乘坐大巴返程回校 车牌号:桂A×××× 司机李师傅电话:134××××××××

五、课程实施

(1)课程主题:认识广西民族文化——广西民族博物馆研学课程活动方案。

(2)课程实施地点:广西民族博物馆。

(3)课程时长:8课时。

(4)课程目标:让学生了解认识广西民族文化;学生能够自主说出自己了解的少数民族或能够向别人介绍少数民族;树立学生的民族文化自信和认同感。

(5)课程实施方式。

① 讲授法:教师讲授民族文化的相关知识,引起学生兴趣,有助于研学课程更好地实施。

② 实地调查法:在教师的带领下,同学们来到广西民族博物馆开展研学旅行课程。

③动手操作法:学生体验制作侗族木构建筑。

(6)课程具体资源。

① 教师或导游讲解:通过教师或馆内导游的讲解,让学生更好地了解广西民族文化,推进研学课程的实施。

② 馆内展品:馆内的特色展品和文化氛围,能对学生产生视觉和认识的冲击。

③ 手工艺品制作:学生通过动手制作侗族木构建筑,能够进一步了解到侗族木构建筑。

(7)学生的指导与评价:教师评价总结本次研学课程的主题和学生学习的状况,对表现好的学生给予表扬。

(8)本课程实施时应注意的事项。

① 在进馆之前提醒学生保持安静,禁止大声喧哗。

② 参观过程中,及时阻止学生乱碰乱触等破坏行为。

③ 就餐结束后,提醒学生及时收拾好垃圾,保护环境。

④ 制作侗族木构建筑时,提醒学生安全使用工具,避免受伤。

六、课程评价

1. 教师自我评价

环节	可取之处	不足之处	改进办法
模块一	同学们对馆内的文化表现出浓厚的兴趣	参观时还是有部分同学不守纪律,大声喧哗	出行前向学生强调纪律,分小组,让小组长管理本小组成员的纪律
模块二	带领学生聆听广西民族发展历史,引导学生深层次了解民族文化	此模块多以讲解为主,部分学生表现出兴致不高	讲解环节时,多设计一些互动问答或有奖抢答的游戏环节,吸引学生注意
模块三	对于手工制作环节,同学们都十分认真,不明白的地方及时提问	由于学生人数比较多,对于细节部分没能及时为每个学生都提供指导	可设置小组互帮模式,对于不清楚的地方,同学们之间相互指导,最后再由老师总结

2. 学生评价

评价指标	具体内容	分数(1—5分)
文明素养	使用文明用语,在公共场所不大声喧哗,遵守秩序,爱护公共财物,文明参观	
纪律意识	不迟到,遵纪守法,不擅自脱离队伍	
自主能力	能够保管个人物品,注意个人卫生	

续表

评价指标	具体内容	分数(1—5分)
参与意识	积极参加活动,乐于表达自我	
探究能力	发现问题,提出问题,收集信息的能力	
自我总结	课程结束后能够自我总结、反思,积极展示自我学习成果、经验	
成果物化	能够提供课程报告或其他形式的研学成果	

附件

一、行前物品备忘检查表

水、手机、风油精、驱蚊水、创可贴、消炎药、藿香正气液、晕车药、止泻药、学生名单。

二、安全管理制度及应急预案

(1)建立健全组织机构、明确责任部分和责任人。

(2)在校外开展研学课程活动,需征得校长同意,并填写外出活动申请表,由校长签名或盖章后才可开展。

(3)课程活动需明确具体的责任人,带队人员必须有基础的医疗知识和技能。

(4)研学课程活动坚持学生自愿原则,活动前与家长签订自愿报名参加协议。

(5)课程活动坚持安全第一的原则,课程开展前对学生进行安全教育。

(6)研学课程开始前,组织机构和责任人必须提前勘查路线,保障所选取的路线、地点、交通安全。

(7)参加研学课程的师生必须购买意外保险。

(8)在路途中,如有人员受伤或发生意外,由随队教师进行简单急救处理后,立即送往就近医院。

(9)在途中如遇车辆故障,教师带领学生前往安全的地点,等待司机排除车辆故障或换车后再出发。

(10)如遇学生走失,立即组织寻找,并派一位负责人看管其他学生。

(11)如遇暴雨、台风等恶劣天气,课程可暂时取消。

三、重要信息

学生姓名	学号	监护人姓名	监护人联系方式
张××	1	张××	135××××××××
李××	2	李××	135××××××××

附近派出所：青秀山派出所,青秀区东盟商务区青环路××号

附近医院：广西国际壮医医院,秋月路8号,0771-33771××

本章小结

在本章的学习中,我们深入探讨了如何设计一份完整的研学旅行课程手册。从中我们切实了解了设计研学旅行课程手册在不同的模块需要遵循的原则以及相对应的设计技巧,并学习了相关的案例。通过了解设计研学旅行课程手册的原则和技巧,我们可以更好地规划和准备研学旅行活动,提高活动的质量和效果。

课后作业

请参考第三节广西壮族自治区中小学生研学课程工作手册设计实例和之前所学内容设计一份中小学生研学手册。

附录 研学案例集

【自然知识】

广西青年旅行社推出地质奥秘的研学营

这一研学课程包含了5天的活动时间,其中4天时间是地质类的主题。第1天乘车前往百色参加破冰活动,其中包含红色历史研学,例如参观粤东会馆,导师讲解革命故事,回顾百色起义的历程等。第2天去浩坤湖国家湿地公园学习湿地文化。第3天参观世界地质公园博物馆,学习宇宙星系,地球的起源与运动,地质公园的类型分布以及成因等知识。第4天到大石围天坑学习天坑地质构造以及形成过程,活动过程中还有学员进行自我介绍,动手制作天坑模型的环节。第5天参观红七军和红八军会师地旧址,激发学员的爱国激情,学员还可以动手制作红军包。

这5天的研学活动不仅围绕着地质知识展开,涉及到历史、地理、物理、政治及科学等知识,同时穿插非遗和地方文化等研学内容,例如壮锦技艺、造纸术等,将自然科学知识与人文艺术知识相融合,学员通过沉浸式体验,收获满满。

(资料来源:广西青年旅行社2022年研学课程。)

探索大自然奇妙夜 夜间研学课程

南宁市青秀山景区推出的研学夜间活动引起了市场的浓厚兴趣。青秀山自然课堂与广西得到成长教育发展有限公司携手,带领孩子们通过不同的主题与角度,观察动物们秋季的变化,共同打造的研学旅行夜生活。

该课程面向小学高年级学段和初中的学生,研学课程的主题包括两栖动物秋季的行动、爬行动物秋季的踪影、水生动物秋季的伎俩等。

学员跟着研学导师徜徉在夜晚的青秀山,观赏荷花,了解荷花的生物属性。观察蛣蝓、会仰泳的仰泳蝽、"水中蝎子"蝎蝽等20多种动物,收获了多种多样的趣味知识。

课程的目的是学习生物,让学员了解他们的特性,培养学员记录的能力。在夜间探秘自然,能培养学员的专注力、洞察力、判断力,锻炼想象力。同时研学活动还开设了亲子共同探秘项目,帮助孩子克服对黑夜的恐惧。这些研学实践能培养小孩子热爱大自然、保护大自然,与大自然各类生物和谐相处的理念。学员们利用饭后闲暇时间,夜游青秀山,获得课外知识,是本次研学课程的一大亮点。

(资料来源:南宁市文化广电和旅游局官方微信。)

大容山研学基地研学课程

大容山研学实践教育基地以大容山国家森林公园为主体,森林风景资源丰富独特,树木终年常绿,四季花开果熟,山涧瀑布飞溅,百鸟啾鸣,素有"绿色宝库,植物王国,动物乐园,旅游天堂"的美称。

大容山研学实践教育基地可以让学员们充分接触大自然、认知大自然。通过普及森林生态文化知识,提高公众对森林的认知,弘扬生态文明,对全面提高公众的环保意识、学习"两山论"、保护生态多样性、实现碳中和等具有重要的意义。目前基地已经开发有自然科普、气象科普、蜂蜜科普、美学手工、野外求生、露营教育、人文素养等研学课程。

该研学基地研学课程丰富多彩,涵盖自然科普知识,例如了解山泉水的形成过程,拓展了大气水循环的知识点;其中也包含生物学知识,学员参加生物学课程知识拓展,可以近距离学习到蜂蜜知识,在课程中可以自己动手将蜜蜡变成唇膏,也可以穿上防护服和蜜蜂相遇,探索人和自然的和谐相处之道。

(资料来源:《玉林市岭南农耕文化研学路线、岭南山水文化研学路线入选2022年度广西研学旅行精品路线》。)

【科学探索】

解密工业传奇 领略工业魅力

　　整个研学课程分两天进行。第一天学员在柳州工业博物馆和宝骏汽车城进行了解柳州工业发展史。在宝骏汽车厂，导师和工程师讲解民族工业崛起的历程、新能源汽车、智能网联、5G技术等前沿科技，学员能从中领悟到工匠精神。此外，还设置了沉浸式体验活动，研学活动团队合作搭建新能源小汽车模型。第二天组织学员去高校科研室学习了解机器人的相关知识，然后前往柳州螺蛳粉产业园学习螺蛳粉的历史生产工艺，同时学员可以体验螺蛳粉手工装袋的制作。

　　该研学课程的设计者立足于广西五菱汽车厂，通过现场讲解和实物展示，向学员讲解汽车类型多元化发展以及中国汽车工业发展史，引领学员重温民族工业崛起的光辉历程，以此树立学员民族自信心，提升民族自豪感。该研学课程可以针对10—15岁的学生细化课程内容，涉及的科目有物理、历史、劳动、综合实践等。

　　（资料来源：广西青年旅行社2022年研学课程。）

智造好牛奶——南宁皇氏乳业智能工厂研学

　　南宁市皇氏乳业有限公司开发研学课程，课程主打沉浸式体验，主要内容包括参观全透明的牛奶工厂，辨别各种水牛奶的味道，动手做牛奶小实验等。课程的主要实施方式为引导学生探寻牛奶通过什么样的方式和过程变成产品；生产思考智能科技给生产生活带来的便利，开发创造力；了解智能储存和运输系统，养成分类储存的习惯。

　　首先，这门课程最大的亮点在于沉浸式体验的方式。学生有机会参观全透明的牛奶工厂，这不仅能增强他们对乳制品生产流程的直观感受，还能使他们亲眼见证食品生产的规范化、标准化和卫生要求。这种实地考察的方式无疑比传统的课堂教学更加生动和具有说服力。

　　其次，课程中包含的辨别各种水牛奶的味道和动手做牛奶小实验等环节，不仅增强了课程的趣味性，也使学生能够通过实践掌握乳制品品鉴的知识和技巧。这种将理论知识与实践操作相结合的方式，可以更好地培养学生的实际操作能力和创新思维。

　　此外，皇氏乳业开发的研学课程也体现了企业的社会责任。学生通过了解乳制品的生产过程和品鉴知识，将更加理解和尊重乳制品行业的工作和成果。同时，这也有助于提升皇氏乳业的企业形象和品牌价值。

　　此外，对于课程的评价和反馈机制也需要进一步完善，以便教师和企业能够更好地了解学生的掌握程度和课程效果。

总体而言,南宁市皇氏乳业有限公司的研学课程是一种非常有特色的教育方式,它将理论与实践相结合,使学生能够深入了解乳制品行业并提升自身的实践能力和创新思维。这种类型的研学课程将成为未来教育的一种趋势,并为企业和社会的可持续发展做出贡献。

冲上云霄:爱飞客航空科普之旅

这一研学旅行课程开发背景是国产大飞机C919首飞,国家航空事业创新、快速发展,广大青少年有志于航空事业。该课程依托于爱飞客航空科普基地。爱飞客航空科普基地成立于2015年,每场次日均接待已达500人以上。

课程涉及数学知识和物理知识,知识目标包括了解上升气流原理及作用、测算飞机的最佳翼展等。实践能力目标是让学员了解航空事业的发展历史和成就,增强他们的爱国自豪感、责任担当,不断学习,积极投身于祖国伟大的航空事业发展。问题解决:研究模型、加强动手能力;培养工程实训能力、提高机械设计制作的综合能力。创意物化:用常见的材料设计航空模型,培养学生创新思维和动手实践能力。

活动分为两天。研学开始前有导学,学生观看纪录片《中国航空梦》,了解中国航空的发展历程。研学第一天活动:早上前往爱飞客航空科普基地,办理入住手续;下午是航空文化大讲堂,专业飞机师讲解航空知识、飞机构造性能;参观历史文化长廊,了解历代航空飞行器发展历史。晚上,学员围绕"我的航空梦"展开讨论。研学第二天活动:机场沙盘讲解,解释飞行的秘密。

(资料来源:《最美课堂在路上:研学旅行实践指南》)

【历史文化】

助青少年成为"历史文化小达人"

研学旅行课程思政具体生动的实践感化学生心灵,启发学生思考。以甘肃敦煌研究院莫高学堂的研学课程为例,每逢寒暑假,莫高学堂的研学课程就会受到家长和学生的欢迎和关注。在研学课程中,组织者通过主题讲座如"永远的敦煌",手作体验课等环节,促进学员的思考和成长。莫高学堂研学项目负责人指出,他们依托遗产地丰富的资源,秉承"生命智慧 传承有道"的课程宗旨,深度挖掘文化遗产的社会文化价值,在总结前期研学教育成果的基础上,创造性转化打造精品研学课程,从而启发孩子们的创造力和感受力。

在这个研学项目中,组织者强化价值引领,融入敦煌的历史文化,将社会主义核心价值观融入研学课程中,引导学生树立正确的世界观、人生观和价值观。通过实践活动让学生亲身体验和感受,培养学生的实践能力和创新精神。引导学生了解中华优秀传统文化的内涵和价值,培养学生的文化自信和文化自觉,增强文化自信与民族自豪感。

通过以上几个方面的努力,莫高学堂的研学课程实现了价值引领、历史文化、实践体验、团队合作、社会参与和多元评价等方面的有机融合,使思政教育贯穿于整个研学过程中,培养了学生的综合素质和社会责任感。

红色文化类研学路线——百色研学

2022年,百色右江红色文化研学路线入选2022年度广西研学旅行精品路线,具体路线为:百色起义纪念园——粤东会馆——红七红八军乐业会师纪念馆——田东右江工农民主政府旧址——红七军战斗遗址。

该路线涵盖了百色起义的重要地点,对传承革命历史有很好的教育意义。围绕着这条红色研学路线,不少旅行公司、学校设计和执行了研学旅行课程。如右江区百胜小学开展了"红色中国·童心向党"主题研学旅行活动。在研学课程中,学员可以学习长征历史,体验枪械射击,进而传承革命精神,增强团队合作能力及民族自豪感,培养学生的国防意识和爱国主义精神,锻炼学生吃苦耐劳、勇敢顽强的意志力。

(资料来源:《红色中国·童心向党——右江区百胜小学研学旅行活动》。)

良凤江国家森林公园 运动无极限

南宁良凤江国家森林公园是林业部批准成立的广西最早的国家级森林公园,2012年晋升为国家AAAA级旅游景区,距离市区10公里左右,公交直达,交通便利。公园结合现有的资源,推出了自然科学探索、运动类研学课程和路线。学员可以在公园内深入学习植物的生存智慧,比如植物寄生、附生、腐生等。同时还可以拓展锻炼项目,比如根据年龄段选择拍拍操、无敌风火轮、动力绳圈等。

首先,自然科学探索课程是一个非常有价值的研学主题。良凤江国家森林公园拥有丰富的植物资源,学员们可以在公园内深入学习植物的生存智慧,更好地理解植物在自然环境中的适应性和生命力。这种实地学习和探究的方式能够增强学员们的科学素养和观察能力,同时也培养了他们对自然环境的尊重和保护意识。

其次,运动类研学课程也是非常有益的拓展项目。这些项目不仅能够提高学员们的身体素质和运动能力,还能够培养他们的团队协作精神和自我挑战意识。通过参与这些活动,学员们可以在快乐中学习,在挑战中成长。

此外,良凤江国家森林公园还为研学旅行提供了良好的环境和设施支持。公园内有丰富的自然景观和良好的生态环境,为学员们提供了一个远离城市喧嚣、亲近大自然的学习和活动场所。同时,公园内的专业解说和服务设施也为学员们的研学旅行提供了便利和支持。

贵港"河中荷 心莲馨"莲花灯制作研学旅行

教育部发布《义务教育劳动课程标准(2022年版)》,将劳动从原来的综合实践活动课程中完全独立出来。贵港市中小学以此为契机纷纷开展形式多样、主题鲜明的劳动教育活动,以劳动教育为学生发展赋能。通过劳动教育实践活动,培育新时代背景下学生的劳动精神,引导学生在实践中以劳树德、以劳增智、以劳强体、以劳育美。

桂平市凤凰小学因地制宜开辟校内劳动实践基地,命名为"微农场",为学生架起通向"五育"彼岸的桥梁。300多平方米的微农场主要分为劳作区、展示区和宣传区。劳作区整齐地划分成十个地块,分配给一年级10个班耕种;展示区摆放着同学们种植的好助手——劳作工具;宣传区主要用于展示学生劳作的过程与种植成果,同时也展出一些与耕种有关的民族传统文化。

覃塘区樟木镇第三初级中学于2015年打造劳动教育基地,引进百香果并扩种至20亩,按照"班级管理,学生参与,老师指导"的原则,每周组织学生进园劳动并学习相关知识,每学期对学生进行相关考核。经过几年的发展,"百果园"除了百香果,还种植了玉米以及柑橘、杨桃、芒果、李子等果树,在低洼处挖了一个池塘养鱼,劳动教育资源呈多样化。

(资料来源:广西贵港市教育局:《体验劳动之美——贵港市中小学开展劳动教育活动》,有删改。)

"河中荷 心莲馨"莲花灯制作研学旅行专属课程设计方案

专题课程名称	莲花灯手工制作工艺体验及民俗文化研学课程	研学地点	广西贵港市覃塘区荷美覃塘现代特色农业(核心)示范区文创中心、荷花科普馆
研学对象	四至六年级学生	研学工具	研学手册、彩纸、废旧塑料瓶、剪刀、美工刀、尺子、白乳胶、彩笔、无烟酥油灯、漂浮板
研学时长	3学时	研学师资	校方代表,带队教师,美术、科学、品德与社会学科教师,项目组长,研学旅行指导师,导游员,安全员,卫生员
课程目标	树立劳动观念		通过莲花灯制作,正确理解劳动是人类发展和社会进步的根本力量,认识劳动创造人、劳动创造价值、创造财富、创造美好生活的道理,尊重劳动,尊重普通劳动者,牢固树立劳动最光荣、劳动最崇高、劳动最伟大、劳动最美丽的思想观念。
	培养劳动能力		掌握莲花灯制作的基本知识和技能,正确使用常见劳动工具,增强体力、智力和创造力,具备完成莲花灯制作任务所需要的设计、操作能力及团队合作能力。
	领会劳动精神		通过制作莲花灯,领会"幸福是奋斗出来的"内涵与意义,继承中华民族勤俭节约、敬业奉献的优良传统,弘扬开拓创新、砥砺奋进的时代精神。
	养成劳动习惯和品质		能够自觉自愿、认真负责、安全规范、坚持不懈地参与整个莲花灯制作过程;展现诚实守信、吃苦耐劳的品质;珍惜劳动成果,养成良好的消费习惯,杜绝浪费。
基地背景	专题课程主要依托广西贵港市覃塘区"荷美覃塘"莲藕产业示范区内的文创中心和荷花科普馆来开展研学活动。"荷美覃塘"是国家AAAA级旅游景区,全国休闲农业与乡村旅游示范点,五星级广西现代特色农业(核心)示范区,广西四星级乡村旅游区。			
研学链接	美术:六年级下册第二课《寻找美的踪迹》(人教版)、五年级下册第八课《奇思妙想》 科学:五年级下册第一章第四课《燃烧与灭火》(人教版) 品德与社会:四年级下册第一单元《一方水土养一方人》(人教版)			
研学内容	(1)学生自主探索有关放莲花灯的地方民俗和故事。 (2)学生观察并归纳莲花灯的种类及特点。 (3)教师讲述和分享有关莲花灯的知识和民俗。 (4)学生自主创意设计并小组协作制作手工莲花灯,教师进行劳动精神教育。 (5)在使用工具制作和燃灯过程中学习使用利器和用火知识,培养学生的安全意识。 (6)通过书写"灯愿"对学生进行社会主义核心价值观教育,启发学生为自己设定发展目标。 (7)对专题研学过程进行总结反思,进行价值引导和澄清,以期在感悟中有所收获。 (8)研学后教师继续拓展相关知识,打开学生的国际视野,了解异域文化,体会文化的异同。			
研学重点	掌握一种莲花灯的制作技艺,了解中华传统文化和地域民俗文化。弘扬社会主义核心价值观,以及和谐、合作、团结的中华"和"文化。			
研学难点	培养团队合作精神、审美情趣,引导学生树立个人发展目标并为之奋斗。			

(资料来源:资料来源:李岑虎《研学旅行课程设计(第二版)》,旅游教育出版社,2021年版。)

参考文献
References

[1] 叶娅丽,李岑虎.研学旅行概论[M].桂林:广西师范大学出版社,2020.
[2] 王煜琴,赵恩兰.研学旅行执业实务[M].北京:旅游教育出版社,2020.
[3] 彭其斌.研学旅行课程概论[M].济南:山东教育出版社,2019.
[4] 杨培禾,刘立作.研学旅行课程设计与实施[M].北京:首都师范大学出版社,2021.
[5] 梅继开,张丽利.研学旅行课程开发与管理[M].武汉:华中科技大学出版社,2021.
[6] 李岑虎.研学旅行课程设计[M].北京:旅游教育出版社,2020.
[7] 潘淑兰,王晓倩.研学旅行概论[M].武汉:华中科技大学出版社,2022.
[8] 王嵩涛.中小学生研学旅行课程指引[M].北京:首都师范大学出版社,2019.
[9] 魏巴德,邓青.研学旅行实操手册[M].北京:教育科学出版社,2020.
[10] 罗祖兵.研学旅行课程设计[M].北京:中国人民大学出版社,2022.
[11] 杨振之,周坤,马勇.旅游策划理论与实务[M].武汉:华中科技大学出版社,2022.
[12] 韦欣仪,邹晓青.研学旅行产品设计[M].武汉:华中科技大学出版社,2023.
[13] 廖哲勋,田慧生.课程新论[M].北京:教育科学出版社,2003.
[14] 钟启泉.课程论[M].北京:教育科学出版社,2007.
[15] 维维恩·沃勒,卡伦·法夸尔森,德博拉·登普西.如何理解质性研究[M].刘婷婷,译.北京:中国人民大学出版社,2021.
[16] 杨晓.研学旅行的内涵、类型与实施策略[J].课程.教材.教法,2018(4):131-135.
[17] 李祥,郭杨.中小学研学旅行的风险及其规避[J].中小学管理,2017(8):28-30.
[18] 吴颖惠,宋世云,刘晓宇.中小学研学旅行课程设计与实施策略[J].上海教育科研,2021(3):67-71.

[19] 袁长林.研学旅行课程资源设计:原则、向度与路径[J].课程.教材.教法,2021(2):32-36.

[20] 宋晔,刘清东.研学旅行活动的教育学审视[J].教育发展研究,2018(10):15-19.

[21] 武晓玮.国外研学旅行理论研究综述[J].湖北理工学院学报(人文社会科学版),2019(5):12-17.

[22] 马东贤.走向学科融合的研学旅行课程开发策略[J].中小学管理,2021(2):47-49.

[23] 殷世东,张旭亚.新时代中小学研学旅行:内涵与审思[J].教育研究与实验,2020(3):54-58.

[24] 陈元佳,易立文.基于研学旅行的初中跨学科主题学习探究——以"探秘岳麓山"地理研学旅行为例[J].中学教学参考,2023(13):89-90.

教学支持说明

为了改善教学效果,提高教材的使用效率,满足高校授课教师的教学需求,本套教材备有与纸质教材配套的教学课件(PPT电子教案)和拓展资源(案例库、习题库、视频等)。

为保证本教学课件及相关教学资料仅为教材使用者所得,我们将向使用本套教材的高校授课教师赠送教学课件或者相关教学资料,烦请授课教师通过电话或加入研学旅行专家俱乐部QQ群(群号:487307447)等方式与我们联系,获取"电子资源申请表"文档并认真准确填写后发给我们。

地址:湖北省武汉市东湖新技术开发区华工科技园华工园六路

邮编:430223

电话:027-81321911

研学旅行专家俱乐部QQ群二维码:

教学课件资源申请表

填表时间：_____年___月___日

1. 以下内容请教师按实际情况写，★为必填项。
2. 根据个人情况如实填写，相关内容可以酌情调整提交。

★姓名		★性别	□男 □女	出生年月		★职务	
						★职称	□教授 □副教授 □讲师 □助教
★学校				★院/系			
★教研室				★专业			
★办公电话			家庭电话		★移动电话		
★E-mail（请填写清晰）					★QQ号/微信号		
★联系地址					★邮编		

★现在主授课程情况	学生人数	教材所属出版社	教材满意度
课程一			□满意 □一般 □不满意
课程二			□满意 □一般 □不满意
课程三			□满意 □一般 □不满意
其 他			□满意 □一般 □不满意

教 材 出 版 信 息		
方向一	□准备写 □写作中 □已成稿 □已出版待修订 □有讲义	
方向二	□准备写 □写作中 □已成稿 □已出版待修订 □有讲义	
方向三	□准备写 □写作中 □已成稿 □已出版待修订 □有讲义	

请教师认真填写表格下列内容，提供索取课件配套教材的相关信息，我社根据每位教师填表信息的完整性、授课情况与索取课件的相关性，以及教材使用的情况赠送教材的配套课件及相关教学资源。

ISBN(书号)	书名	作者	索取课件简要说明	学生人数（如选作教材）
			□教学 □参考	
			□教学 □参考	

★您对与课件配套的纸质教材的意见和建议，希望提供哪些配套教学资源：